# *Incompatibilité avec le réel*

Julien Carreau

# *Incompatibilité avec le réel*

© 2013, Julien Carreau
Edition : BoD - Books on Demand
12/14 rond-point des Champs Elysées, 75008 Paris
Imprimé par Books on Demand GmbH,
Norderstedt, Allemagne
ISBN : 9782322031825
Dépôt légal : Juillet 2013

« *La solitude est mon état naturel.* »

Serge Gainsbourg (1928-1991)

« *Personne ne me tint conseil, seuls les chemins et les vents me furent Maîtres. Je crois même que solitude et déchéance me saoûlèrent d'orgueil, peut-être de fierté.* »

Glenmor (1931-1996)

« *Ne pas avoir peur de mourir, c'est-à-dire accepter la vie.* »

Dalida (1933-1987)

# Avant-propos

Cet ouvrage n'est pas une autobiographie, mais un essai autobiographique circonvolutif. Ce qualificatif néologique découlant naturellement du principe de circonvolution. J'y relate la problématique psycho-existentielle qui est la mienne depuis toujours et qui se trouve, de fait, la raison d'être de cet ouvrage, sa colonne vertébrale thématique. L'axe central autour duquel graviteront les multiples éléments de mon parcours qui en sont la cause, qui en découlent, qui s'y rattachent. J'ai dressé le descriptif de ma problématique comme un médecin eût dressé le diagnostique de sa maladie. À cet égard, le caractère autobiographique de ma démarche n'est qu'un prétexte, le Moi n'est que l'alibi d'une assise intellectuelle plus importante et plus fondamentale que ce dernier. Aussi me suis-je permis de faire référence à d'autres personnalités, lorsque certains éléments précis de leur parcours s'avéraient faire échos aux miens, lorsque nos archétypes de vie se trouvaient communs. Si les êtres qui souffrent de la même maladie que moi trouvent en ce témoignage un appui, un réconfort, une identification salutaire, pourquoi pas une indication ou un conseil, j'aurai la satisfaction de ne pas avoir écrit ce récit en vain.

Je remercie François C. sans le soutien duquel, aussi subreptice fut-il, cet ouvrage n'aurait peut-être pas abouti. J'espère qu'il se reconnaîtra.

Voici un poème qui résume à lui seul, parfaitement, précisément et magistralement, l'état d'esprit qui est le mien aujourd'hui et par lequel j'aborde fiévreusement cet inconnu qu'est l'avenir, au moment précis où je mets un point final à l'écriture de mon récit, en ces jours d'avril 2011 :

*« Ma jeunesse ne fut qu'un ténébreux orage,*
*Traversé çà et là par de brillants soleils ;*
*Le tonnerre et la pluie ont fait un tel ravage,*
*Qu'il reste en mon jardin bien peu de fruits vermeils.*

*Voilà que j'ai touché l'automne des idées,*
*Et qu'il faut employer la pelle et les râteaux*
*Pour rassembler à neuf les terres inondées,*
*Où l'on creuse des trous grands comme des tombeaux.*

*Et qui sait si les fleurs nouvelles que je rêve*
*Trouveront en ce sol lavé comme une grève*
*Le mystique aliment qui ferait leur vigueur ?*

*Ô douleur ! Ô douleur ! Le temps mange la vie,*
*Et l'obscur Ennemi qui nous ronge le cœur*
*Du sang que nous perdons croît et se fortifie ! »*

*L'Ennemi* tiré des *Fleurs du Mal*
de Charles Baudelaire (1821-1867)

Personne ne peut comprendre la maladie dont je suis atteint. Personne hormis, évidemment, ceux qui en sont également atteints. Il se trouve que ces gens-là représentent une portion extrêmement mince de l'humanité, cette maladie qui est la nôtre s'avérant d'une rareté singulière.

Pour tout dire, je ne connais personnellement qu'un seul individu atteint de ce syndrome. Lui et moi avons souvent communié dans nos détresses respectives et similaires avec, en point de mire et d'osmose, le constat de l'incompréhensibilité de nos congénères devant notre mal. J'ai bien connaissance, il est vrai, d'autres êtres sans doute atteints du même mal, dont la notoriété, en tout état de cause, me met en droit de préempter d'une telle affiliation, mais je déplore ne les connaître que fictivement. Concernant les autres, ces individus représentant la quasi-totalité de l'humanité, je me suis heurté, d'année en année, à des murs successifs de surdité, d'incompréhension et d'intolérance. Encore que cette dernière ne puisse véritablement être mise en cause, non il s'agit vraiment de cécité, de surdité, d'incapacité à concevoir mentalement une telle réalité.

Toutefois, je concède que mon mal ne m'a pas encore tué, ayant aujourd'hui miraculeusement atteint la trentaine. Trente ans… Quel effroi et en même temps quelle prouesse que d'avoir vécu jusque-là ! Quel miracle que d'avoir survécu au sein de ce réel avec lequel je me suis senti en incompatibilité sans doute dès l'âge de quinze ans, intuition allant de pair avec l'affirmation et la résurgence de ma psychose maniaco-dépressive. « Inadaptabilité avec le normal » eut été un titre semblablement adéquat, et pour cet ouvrage et pour mon mal.

La prise de conscience de mes incompatibilités m'amena trois options possibles pour l'avenir. Un avenir vers lequel je me dirigeai avec autant d'exaltation et de légèreté que Louis XVI se dirigeant vers la guillotine le matin du 21 janvier 1793.

La première option, celle que j'ambitionnais monumentalement avant de décider d'en faire le deuil, eût été la quête et l'assouvissement de mes chimères. J'entends par chimères les rêves et ambitions artistiques qui me hantaient concernant divers domaines. J'étais habité par la musique, habité par les mots, habité par l'image. Le Requiem de Mozart me renversait et me renverse toujours. Les Premières Médiations de Lamartine me chaviraient et me chavirent toujours. La caméra d'Elia Kazan me transportait et me transporte toujours. Ma faim et ma soif de création et d'expression de musique, de mots et d'images me dévorèrent toute mon adolescence et me dévorent encore aujourd'hui malgré l'atténuation, l'érosion et l'édulcoration indéniables que le temps, l'aquoibonisme et la lucidité exercèrent sur moi depuis sept ans. Un soupçon de bonheur, je dois le concéder.

Un bonheur oui, évidemment empli d'amertume, l'amertume du lot de consolation en quelque sorte, mais un bonheur tout de même que de constater le caractère sain et salutaire de mon attitude. Plutôt que de continuer à alimenter le mal, je faisais le choix de le tuer à la racine. Est-il toutefois mortel ? Je n'en suis pas encore sûr. Je fis le choix qu'aurait pu faire un drogué en manque : plutôt que de continuer à alimenter son mal en se procurant une fois de plus sa came, il essaie de se sevrer, de tarir le mal à sa source. Sans compter la très faible potentialité d'assouvissement de ce dernier, l'utopie que de concourir à l'inaccessible. J'étais comme ce drogué qui ne trouve pas sa came, le supplice de Tantale m'étreignait jour après jour. Combien d'artistes frustrés s'identifieront à mes lignes ? Sans doute s'avèreront-ils cependant plus nombreux que les incompatibles aux réels, ceux-là rarissimes.

Il n'est pas du tout légitime, encore moins adéquat, d'être habité par ces hantises artistiques, quelqu'un de normalement équilibré psychologiquement ne se ressent évidemment pas torturé intérieurement par ces affres insolubles. Mon problème était d'ordre psychotique, l'aval de mes obsessions y trouvait son amont. J'aurais voulu assécher le fleuve qui en découlait, mais je crois bien, encore une fois, que le mal est immortel. J'ai bien tenté, à plusieurs reprises, de concrétiser quelque projet artistique, le jeune acteur passant un casting, le jeune chanteur passant une audition, le jeune écrivain envoyant son manuscrit comme une bouteille à la mer. C'était courir après un mirage dans le désert, je ne voulus point courir plus avant. J'avais prié chaque soir de mon adolescence pour que le Ciel, si tant est qu'une entité gouvernante y réside, me permette d'exaucer mes rêves artistiques. J'allumais des cierges dans les églises, m'y asseyais longuement dans une prostration recueillie, un recueillement prostré, implorant le Ciel que mes rêves se réalisassent. Dans ma naïveté mégalomaniaque, j'étais certain de « réussir » et savais pertinemment qu'il me serait impossible de me dépatouiller dans la vie réelle. Quel désenchantement et quel deuil exécrables lorsque je dus admettre, à l'âge de vingt-deux ans, l'éventualité que mes ambitions ne voient jamais le jour. Je cessai aussitôt mes prières et reniai Dieu, tel Antonio Salieri jetant aux flammes un crucifix honni, dans un geste embrasé de jouissance vengeresse et blasphématoire.

La deuxième option possible au vu de mon incompatibilité avec le réel et le normal, le renoncement à mes chimères effectué, la conscience de ma psychose encaissée, eût été le suicide bien sûr. Je sortais d'une adolescence extrêmement suicidaire. Mes quinze ans furent bien davantage empreints du désir de mort que du désir de vie. La seule tentative en la matière, un cutter effleurant la peau de mon bras gauche au lendemain de mes dix-sept ans, demeura sans réitération. Mes parents venaient de découvrir mon alcoolisme adolescent, s'étaient gaussés de l'état dans lequel j'étais et m'avaient dès lors jeté l'anathème. « Il est beurré comme un p'tit lu ! » s'était clamée ma mère avec moquerie. Je ne pouvais concevoir de continuer à vivre avec ces gens ayant en eux la conscience de mon alcoolisme, j'en étais dévasté de honte et d'inadmissibilité, je ne pouvais plus affronter leur regard. Mais je me loupai, trop ivre que j'étais. Je ne mesurais sans doute pas véritablement, à cet âge-là, la force de vie qu'aujourd'hui je constate chez moi. Je l'avais minimisée, me complaisant un peu bêtement dans une morbidité chronique, trouvant, par peur d'affronter la vie, par effroi devant le réel et le normal, refuge dans le renoncement, douceur dans la mélancolie.

Oui mon énergie de vie, malgré tout, malgré la récurrence des phases ultra dépressives, malgré l'innombrabilité des abîmes de détresse et de désespoir, ma force de vie s'avère puissante. C'est l'instinct de survie, la dernière lueur au milieu des ténèbres, la seule lanterne dans le cimetière de la nuit. C'est lorsque mon être est réduit à cette flammèche, quand je danse seul entre les tombes, que la vie m'apparaît la plus immense, la plus jouissive, la plus intense. On peut embarquer sur le Titanic en étant suicidaire, le jour où il coule, on fait quand même tout pour s'en sortir. Au dernier moment jaillit la flamme ultime. Bien sur, certains destins n'ont pas su la saisir au vol et succombèrent à la tentation suicidaire, comme je les comprends ! Peut-être un jour y succomberai-je moi-même, je ne puis aujourd'hui présumer de l'infaillibilité de mon instinct de survie. Mais ce moteur a soulevé de terre nombre de montagnes et épargné du gouffre nombre de destins. Le mien jusqu'aujourd'hui.

Puisque j'avais renoncé à l'assouvissement de mes chimères, identifiant ces dernières comme telles, les reconnaissant dans leur misère et leur fondamentale stérilité, puisque j'avais renoncé à la tentation de la mort, trop rageur de vivre, trop curieux de découvrir ce qui se cache après l'horizon et après demain, une troisième option, la dernière, me restait entre les mains : affronter le réel malgré tout. Cette seule éventualité m'envahit d'effroi et de nausée. J'avais vingt-deux ans et demi.

Devoir exercer un travail « normal », m'intégrer aux rouages de la vie sociale, déambuler presque constamment sous le regard d'autrui, conduire une voiture, être accaparé mentalement par des considérations telles que les factures, le quotidien, l'argent : voilà une liste d'obligations de la vie humaine qui, pour tout un chacun, semblent aller de soi mais qui, jusqu'à l'aube de mes vingt-trois ans, m'apparurent insurmontables, irréalisables, inactualisables. Je les ai aujourd'hui à peu près surmontées, réalisées, actualisées. Non sans douleur : ce qui pour les autres s'apparente à une promenade de santé, revint pour moi à escalader l'Everest. C'était cela ou le suicide et j'ai choisi.

Hormis la permanence du regard d'autrui sur moi qui me demeure insoutenable, je puis affirmer avoir en effet assumé tant bien que mal les impératifs de l'existence humaine. C'est au niveau mental que l'insoutenable me ronge encore, comme un goût amer dans la gorge, impossible à faire passer. Ma maladie est incurable, mais je m'en suis tant bien que mal accommodé, j'ai su « faire avec ». Comme un handicapé ne se débrouillant finalement pas si mal que ça avec son fauteuil roulant. Comme un muet ayant appris le langage des signes ou un aveugle la lecture du braille.

J'ai assumé les impératifs de l'existence humaine disais-je, mais dans le strict minimum de leur caractère inévitable, cela va sans dire. Je n'ai pu fournir que le minimum vital, eu égard à mon infirmité. Un peu comme le Président Mitterrand à partir de 1993, chacun à son échelle s'entend. Rattrapé par l'âge, il n'avait plus d'avenir électoral devant lui. Diminué par la maladie donc affaibli physiquement, diminué par la cohabitation donc rabougri politiquement, il fut deux ans durant, un soleil au ras de l'horizon dont tout le monde attendait le coucher, un Président au rabais. Il assumait la fonction, mais de façon purement minimaliste, dans la gestion du strict nécessaire, point. Je fus moi-même un être humain au rabais. Le seul moyen pour moi d'affronter le réel malgré tout, eu égard au renoncement à mes chimères et à la tentation suicidaire, se trouva dans un compromis très étroit, un cul-de-sac existentiel, une impasse sociale où ma maladie ne trouverait guère matière à se voir ravivée. Ma maladie ne me laissa qu'un champ de manœuvre très étroit dans la vie et des possibilités d'accomplissement très réduites.

Mon handicap mental quant à la concentration sur autre chose que l'imaginaire et l'abstrait, ma difficulté à jouer le jeu des relations humaines, sauf au prix d'un très lourd effort s'apparentant à une homérique et insoutenable schizophrénie, mon incapacité enfin, celle-là catégorique et sans rémission, à assumer le notion de responsabilité sous quelque forme qu'elle se pose à moi, me reléguèrent aux tâches les plus basses et ingrates de l'échelle sociale. Encore que ladite bassesse et ladite ingratitude ne me posèrent nul cas de conscience en tant que telles, mais m'apparurent plutôt, d'emblée, comme un heureux soulagement, une respiration que personne dans mon entourage, tant qu'il en exista un, n'entendit.

Dès la fin de mes études, je pris mon courage à deux mains afin de décrocher ici ou là un poste d'agent d'entretien, d'homme de ménage, appelons cela comme on veut. J'enviais ardemment les dames pipi que j'entrevoyais à l'entrée des chiottes publiques. Comme leur activité doit être exaltante ! rêvais-je en silence, comme j'aimerais être à leur place ! Défait de toute responsabilité, l'esprit tranquille et libéré de tout asservissement sinon celui de songer à passer un coup de lavette imbibée d'eau de javel sur la lunette des chiottes et dans les pissotières, ne pas oublier de passer un coup de serpillière sur toute la surface au sol en allant bien dans les recoins derrière chaque chiotte et en dessous des pissotières, ne point omettre le remplacement immédiat des rouleaux de papier cul aussitôt le précédent arrivé à terme, quelle exaltation !

Je repérai assez rapidement, dans un centre commercial, une dame pipi d'un certain âge, d'un abord certes peu avenant, mais dont immédiatement je pressentis qu'elle pourrait me sauver. Plusieurs fois j'usai des chiottes dont elle s'avérait la gardienne, sans parvenir à franchir le pas que représentait pour moi le fait de lui adresser la parole, de quérir les précieux renseignements qui me permettraient, peut-être, d'occuper un poste similaire au sien. Le jour où je parvins enfin à surmonter ma timidité, la dame pipi me donna le nom de l'entreprise de nettoyage dont elle était employée, ainsi que les coordonnées de cette dernière.

Un pas à franchir se posait à nouveau à moi : oser téléphoner ou aller sur les lieux. Mon audace inespérée s'avéra toutefois fructueuse : une entreprise de nettoyage me proposa un poste saisonnier d'homme d'entretien pour divers endroits de la métropole lilloise. Nous étions au seuil de l'été 2001, j'avais vingt-et-un ans. Le désespoir et la crainte des mois précédents, liés autant au fait de ne pas trouver de travail que d'en trouver un, s'envola progressivement, au gré des semaines de labeur, constatant miraculeusement que je parvenais à accomplir un petit quelque chose dans cette maudite existence.

Le premier jour fut un nouveau pas à franchir, c'est la peur de l'inconnu qui m'a toujours bloqué. J'avais rendez-vous à six heures du matin devant l'établissement de restauration rapide dont je devais effectuer le nettoyage. Je me revois y allant, une boule au ventre, l'esprit plombé, animé d'un enthousiasme comparable à celui d'un condamné à mort parcourant le couloir au bout duquel se trouve la chaise électrique. Je me forçais à penser à celles et ceux qui avaient probablement ressenti ce même malaise, sachant leur mal vraisemblablement comparable au mien. Cette communion intime et silencieuse fut mon meilleur soutien : Monty, Jimmy, Brigitte, Serge, Mylène, je sais que vous me comprenez ! La voilà la solitude la pire, pire que la solitude physique ou affective, celle qui consiste à souffrir d'un mal dont personne d'autre ne souffre. Être habité par le sentiment d'être seul sur Terre à ressentir cela, à vivre ce handicap. Il me fallait absolument trouver des personnes connaissant ou ayant connu mon mal, cela m'était presque vital. Qu'il s'agisse de gens de ma connaissance ou bien de personnages célèbres avec lesquels je me sentais sinon en symbiose, du moins en affinité particulière. Dont les œuvres et les personnalités laissaient persifler des teneurs psycho-existentielles semblablement aussi désastreuses que les miennes. Penser à eux régulièrement, survivre au quotidien en compagnie de ces fantômes, me tenait lieu, à cet âge terrible de la post-adolescence, de véritable béquille sur laquelle m'appuyer.

J'ai passé ma vie à tenter de dégotter ici ou là, telle chanson, tel poème, tel film, telle biographie dans lesquels je dénicherais une simple phrase, un simple regard, une simple suggestion me donnant lieu à percevoir, chez la personnalité concernée, cette rassurante constatation pour moi : oui je sais qu'il a également souffert de cela, je ne suis plus seul à me trouver marqué de ce mal, quelqu'un d'autre me comprend puisqu'il ressent cette même douleur marginale que la quasi-totalité de la société s'avère incapable de comprendre.

Deux mois et demi durant, je nettoierais six jours sur sept, chaque matin entre six heures et huit heures, l'établissement de restauration rapide en compagnie de trois autres collègues saisonniers. Cet établissement se répartissant sur quatre niveaux, chacun s'occupait d'un secteur en particulier. Alexandre qui, à vingt-deux ans, tirait en permanence la langue comme le font les vieilles personnes, nettoyait le sous-sol. Aurélie, la plus âgée, la plus experte aussi, se chargeait de la cuisine. Armelle enfin, qui affirmait avoir eu dix enfants alors qu'elle additionnait ses sept enfants effectifs à ses trois fausses couches, astiquait le second étage. Ma charge à moi me conduirait au premier étage et aux chiottes. Nous y revoilà ! J'étais définitivement voué à errer dans les latrines et à assurer leur hygiène quotidienne...

Reléguant pour l'avenir l'éventualité d'un apprivoisement du réel abstrait, je fus plongé au cœur du réel concret. Arrivant chaque matin à six heures, je commençais par le nettoyage des chiottes. On m'avait prévenu : cela doit être impeccable et n'oublie surtout pas le miroir ! À l'aide d'une lavette, je passais un coup sur la lunette des toilettes ainsi que dans les pissotières. Il fallait impérativement en gommer les traces d'urine. Bien aller dans les recoins, soulever la lunette pour passer la lavette en dessous, régulièrement réimbiber cette dernière d'eau de javel. Concernant les pissotières, l'entièreté de la chose se devait d'être aspergée d'eau de javel, après quoi j'appuyais sur le bouton qui rincerait tout. Je dois dire au passage que mon emploi du terme « pissotière » choqua profondément Armelle, laquelle me rappela vertement l'usage préférable du mot « urinoir ». Cela me valut un des plus inextinguibles fous rires de ma vie. Et le miroir au dessus du lavabo ! Surtout ne point l'omettre, au vu des éclaboussures éparses qui le souillaient. Utiliser du papier afin de le frotter énergiquement pour en faire disparaître la moindre trace et qu'il recouvre sa limpidité.

La serpillière achèverait le nettoyage des chiottes mais, avant cela, la salle de restaurant m'attendait, l'immense premier étage. Toute la journée précédente, une populace innombrable était allée et venue ici, incessamment, pour consommer sans relâche hamburgers, frites, sandwichs et boissons sucrées. Le résultat que j'avais devant les yeux, le lendemain matin, était désespérant : la salle de réception ressemblait à une porcherie. Le sol, les bancs, les tables étaient envahis de morceaux de frites, de bouts de papiers, de gobelets en plastique. Sans parler des salissures de mayonnaise, de ketchup, de cola, de soda. Sans parler de la simple allée et venue des gens, le cortège des chaussures dégueulasses et toutes les traces qu'elles laissent irrémédiablement...

Je passais d'abord trois quarts d'heure à balayer le tout, à enlever les morceaux de frites, de pailles, de petits sachets en papiers contenant le sel ou le poivre. Avec mon balai, je me devais de passer en revue les moindres recoins, soulever les tables dont le pied unique et central pouvait masquer sous son dessous une multitude de particules indésirables. Avec une éponge, j'assainissais les bancs et les tables, généralement recouverts de grains de sel et de traces de doigts. Je devais me plier dans tous les sens, me courbaturer au possible afin d'atteindre chaque matin tous les coins et recoins des bancs, des tables, des chaises et d'en extirper les éléments dissimulés. Une fois ce premier travail accompli, l'élimination des éléments concrets, le nettoyage à proprement parler, c'est le cas de le dire, pouvait commencer. On nous avait prévenus : l'eau doit rester chaude et relativement propre, aussi la changions-nous régulièrement. Ce qui était embêtant, c'était de devoir bouger chaque table, lesquelles étaient lourdes, pour en nettoyer le dessous, Armelle me l'intimait qui plus est. Je n'en faisais qu'à ma tête et refusais de faire cet effort. Chaque table demeurerait à sa place et je me contenterais d'en faire le tour avec ma serpillière.

Les sols que nous nettoyions étaient maculés de multiples traces de pas noires, de tâches de boissons sucrées renversées, de souillures de mayonnaise et de ketchup. Le nettoyage à la serpillière se faisait en trois temps : mouiller, tirer, sécher. Mouiller en premier lieu le sol à grande eau, de l'eau bien chaude et savonneuse, racler en second lieu cet infâme magma jusqu'aux puisards prévus à cet effet, repasser enfin les sols à la serpillière sèche afin d'effacer toute trace de nettoyage. Même chose en ce qui concerne les escaliers carrelés, à nettoyer marche après marche, une par une, pareillement aux sols précédemment épurés. Les inspecteurs de nettoyage, attaché-case à l'appui, nous sommaient en outre de ne point omettre les grandes poubelles en plastiques, ainsi que les rampes d'escalier et leurs miroirs adjacents. Ces tâches se surajoutant aux autres, mais moins quotidiennement.

Le nettoyage de ce lieu de restauration rapide ne fut pas le seul labeur de mon été 2001, d'autres contextes plus épars m'attendaient aussi. Je me suis ainsi occupé de banques et de locaux administratifs. Combien d'heures ai-je pu y passer à tourner en rond, m'ennuyant ferme, ne sachant comment meubler cette heure de travail imposée, alors que les tâches à y accomplir ne demandaient que très peu de temps. Je me souviens par exemple de la banque où je me rendais en fin d'après-midi pour y passer une heure entière alors qu'il n'y avait qu'à vider les corbeilles de papiers, passer un coup de lavette sur les bureaux et les châssis, passer enfin le coup essentiel de serpillière au sol afin de délester ce dernier des innombrables traces de pas y répandues. On me faisait travailler avant l'heure de la fermeture, alors que des clients venaient encore en nombre et rendaient ainsi ma tâche impossible, du moins en ce qui concernait la serpillière. Je ne pouvais tout de même pas les tamponner dans les jambes avec mon racloir, aussi passais-je mon temps enfermé dans le petit local adjacent, nettoyant et renettoyant le chiotte afin de tromper mon ennui. Qu'aurais-je bien pu faire d'autre ? Il me fallait impérativement attendre l'heure de la fermeture pour nettoyer par terre, je fulminais donc seul dans ce local exigu, nettoyant un chiotte déjà ultra propre, tournant en rond comme un animal en cage avec ce chiotte pour seule compagnie.

En parlant de chiottes, je fus astreint au nettoyage de ceux, bien plus vastes, des locaux industriels d'une grande chaîne de supermarchés. Ce nettoyage quotidien s'avérait, par ailleurs, parfaitement vain : à peine avions-nous passé la serpillière, mon collègue Denis et moi-même, qu'une foule d'ouvriers aux chausses boueuses venait y pisser. Je tentais de convaincre Denis de l'inutilité de notre travail, anéanti aussitôt effectué, mais me heurtais à son esprit buté d'homme simple et sans recul vis-à-vis de quoi que ce soit. Il fallait faire le boulot, point. Je m'exécutais donc, tentant de ne plus y réfléchir. Que je me sentais mal dans ce contexte ! Des bâtiments industriels froids, sans âme, implacables d'inhumanité. Affronter le réel abstrait, celui de l'intégration dans la normalité sociale, m'était impossible, mais quel effroi de n'avoir d'autre choix que celui de me rabattre sur le réel concret, celui fait de tôles et de grues, de chiottes et de palettes. L'exécution en fin d'après-midi de cette tâche achevait de m'effondrer moralement. Sans parler de la compagnie de Denis, accablante quoiqu'au demeurant folklo, qui m'indiquait la marche à suivre, au pas de course, à chaque minute. De la même façon qu'on visite un village en se faisant guider par son idiot, si j'ose dire. De conversation, aucune, mais de réponse, un oui ou un non grand maximum. Un « oué, oué » enthousiaste et ingénu, un « naaannn » révolté et nonchalant, devrais-je préciser.

Je me consolais en me disant qu'il m'était bien moins éprouvant d'avoir à supporter la compagnie d'un simple d'esprit, d'un benêt par définition intellectuellement inconsistant, que d'avoir à endurer l'insertion sociale au sein d'un troupeau de personnalités hiérarchiquement haut placées. J'entrevoyais au loin, de temps à autre, le directeur ou la directrice, son adjoint ou son attachée, que sais-je encore, avec tailleur ou costume cravate, leurs dossiers sous le bras, au sortir d'une réunion de travail, d'un rendez-vous ou d'un je-ne-sais-quoi. J'en avais la nausée. Tout mais pas ça, me murmurais-je intérieurement, percevant à mes côtés la simplicité pathétique mais bienveillante de Denis. Je ravalai mes larmes non éruptives, personne autour de moi n'imaginant le désarroi intérieur me lacérant en ces tragiques heures de la fin du jour, mais certain de mon choix et de son caractère impossiblement regrettable.

Parallèlement à ces travaux de nettoyage, la société pour laquelle j'effectuais ce boulot saisonnier me posta par ailleurs dans la presse d'une usine de produits vestimentaires. Par « presse », j'entends la zone où déboulaient chaque jour plusieurs tonnes de cartons sur des tapis roulants, lesquels s'avéraient donc « pressés » dans des « balles » de plus de trois cents kilos chacune de carton aggloméré, enserrées par des attaches métalliques ultra solides. J'exécutais seul ce travail, dans un genre de hangar épouvantablement empli de poussière de carton qui m'obligeait à porter un masque. Cette solitude me faisait beaucoup de bien, ayant toujours exécré la promiscuité et le travail en équipe. Si j'avais un souci, j'avais toujours la possibilité d'appeler un technicien par talkie-walkie. Le travail n'était pas difficile, encore fallait-il être bien organisé et coordonné : les cartons arrivaient en masse sur deux tapis roulants pour être empaquetés en agglomérat très serré que je me chargeais d'attacher solidement avec du fil métallique. Une fois la balle achevée, je la pesais, notais son poids dans un cahier, puis la déposais à l'aide d'une pince gigantesque télécommandée, sur une plate-forme qu'un camion, une fois remplie, venait chercher. En fin de journée, je passais une heure entière à balayer le sol envahi de particules et de déchets de carton. Hormis l'atmosphère horriblement empoussiérée, ce travail me convenait et convenait à ma maladie : aucun contact social, un degré de responsabilité minime, un degré de concentration intellectuelle demandée minime lui aussi, bref le pied !

Seules les tâches présentement énumérées – nettoyage, rangement, manutention – s'avèrent en mesure de me seoir dans le monde des êtres humains. Mon âme, toute entière vouée à ma fantasmagorie intérieure, absorbée par mes fascinations insatiables, incapable de se donner au-delà de quelques secondes à des considérations de l'ordre du réel, inapte à soutenir le jeu social, trouvait là la liberté qui lui était vitale, l'indomptabilité qui lui était pléonastique.

Je passais ma journée en bleu de travail, ce qui, au demeurant, me procurait une très narcissique impression de virilité ! Le comble de ce qui eût pu s'avérer une forme de réussite pour moi – trouver dans la vie une façon d'exister malgré ma maladie sans que celle-ci ne m'accule au suicide – résida dans le fait que l'on me proposa ce poste définitivement, une fois mon temps saisonnier effectué. J'avais fait mes preuves, les responsables de cette usine se montraient louangeurs de mon travail. Quelle surprise inattendue ! Moi qui m'étais toujours fait entendre dire – par l'autorité paternelle surtout – que j'étais un con, un fainéant, un incompétent, que je ne deviendrais jamais rien, je bénéficiais pour la première fois de ma vie d'un nouveau et positif son de cloche.

Le mois de septembre était là, la saison touchait à sa fin, une nouvelle année scolaire s'apprêtait à reprendre. J'étais dans cette usine lorsque j'entendis à la radio, en fin d'après-midi, le mardi onze de ce mois-là, alors que je mangeais lascivement un sandwich affalé au bureau du hangar, les attentats qui eurent lieu aux Etats-Unis le matin même. Je n'en mesurai pas sur le coup la portée mondiale, étant à l'époque extrêmement peu préoccupé des affaires réelles de ce monde. Depuis, j'ai revu ma copie. Sur le moment, mon misérable devenir m'accaparait plus pressement. Cette proposition de travail m'aurait permis de prendre mon indépendance, de me faire mon petit trou dans cette région lilloise mais je n'avais que vingt-et-un ans et ne me sentais sans doute pas encore les épaules assez larges pour assumer déjà mon indépendance.

J'étais probablement conditionné, par ailleurs, par le diktat parental qui m'intimait l'obligation d'un parcours plus « normal » et donc plus « élevé ». Manutentionnaire dans la presse à carton d'un hangar d'une zone industrielle, me trouver réduit à si bas, tout de même, cela ne se faisait pas. Je n'étais pas encore suffisamment solidifié en tant qu'être humain, pas suffisamment maître de moi-même, trop influencé – bien que rebelle, mais une rébellion pas encore pleinement mûrie – par le son de cloche de mon milieu. Qu'il faut ci, qu'il ne faut pas ça, que cela se fait, que cela ne se fait pas, etc. Je n'avais pas encore le recul intellectuel nécessaire pour parvenir à juger les situations de l'existence par mon propre libre-arbitre. Il me faudrait trois ans supplémentaires pour qu'il en soit ainsi.

Je demeure aujourd'hui effaré de constater à quel point le conditionnement du milieu dans lequel on grandit demeure pérenne toute une vie. Comme Obélix tombé dans la marmite étant petit et qui en reste imprégné pour le restant de ses jours. Quand bien même on remet en cause, on se rebelle, on se fait un travail introspectif adulte de réminiscence, quand bien même on s'était contre-identifié étant enfant, quand bien même on passe et on repasse en machine un linge sur lequel un autre avait déteint, on ne peut jamais retrouver le blanc immaculé. Par exemple, j'ai toujours entendu mon père -misanthrope et distancié socialement- asséner le fait qu'il ne fallait absolument pas de voisin, pas de mitoyenneté à son domicile, qu'il fallait vivre au milieu des champs. Une fois indépendant, résidant dans un appartement de centre-ville, j'avais dans l'idée qu'il n'était pas « normal » de vivre ainsi, dans un tel contexte de promiscuité urbaine. Que je n'y avais pas droit, qu'il ne « fallait » pas. Curieux, non ? Il m'a fallu faire un gros effort intellectuel pour parvenir à me détacher de ces influences inconscientes, si tant est que j'y sois réellement parvenu. Des réflexes et des automatismes de pensée, d'action et de verbe demeurent à jamais immarcescibles.

Le renoncement de mes vingt-et-un ans à cette opportunité professionnelle de travail en usine, opportunité rarissime et travail qui convinssent pourtant à ma problématique exiguë, renoncement qu'à mon plus grand dam je regretterais bien des années plus tard jusqu'à m'en flageller, m'accula à la poursuite amère d'études que je savais par avance professionnellement infructueuses. Le simple fait de me replonger dans cette zone-là de mon existence et de la retranscrire noir sur blanc aujourd'hui, me fait dégringoler dans la plus noire des amertumes. Pourquoi poursuivais-je ainsi un cursus universitaire sans but possible ? C'était la suite logique de la période lycéenne précédente, rien d'autre. Après le bac, je m'inscrivis en Histoire de l'art en fac littéraire, mais un accident de parcours – une opération chirurgicale à la cuisse droite pour une tumeur intrafémorale – avorta rapidement ce qui ne serait donc qu'un coup d'épée dans l'eau. Remis de cet épisode hospitalier, je me réinscrivis cette fois-ci en Géographie à la fac scientifique. J'avais choisi ces disciplines véritablement par élimination, l'état d'esprit bohème, y trouvant un semblant, un petit quelque chose de pas totalement débectable.

Je n'avais à l'époque nulle autre option véritable que ce parcours universitaire et il y a là, sans doute, une signification psychogénéalogique à pointer du doigt. Ladite signification englobant ce qu'attendait de façon générale, pas uniquement scolaire, mon milieu familial pour ma destinée. Que j'en redore le blason, d'une certaine façon. Tout cela est évidemment très inconscient, ce sont des réalités sous-jacentes, non-dites, qui procèdent d'un inconscient collectif familial, celui-là encore plus inconscient que les inconscients respectifs des individus concernés. Ma famille – mon ascendance paternelle en l'occurrence – a connu de génération en génération, une déchéance sociale progressive certaine. Le fameux ascenseur social dont on entend parfois parler fut, dans mon cas familial singulier, un descenseur en réalité. Jusqu'au début du XX$^{ème}$ siècle, cette famille était constituée de fermiers aisés, gratin du monde agricole, puis de commerçants installés pignon sur rue dans le monde villageois dont je suis issu. Ses descendants, à partir de la Première Guerre Mondiale, n'en prirent guère la relève, dévastés qu'ils furent par l'alcool et le manque d'ambition. D'autres paramètres, moins flagrants et plus intemporels sans doute, entrèrent en jeu également. Puis survint le décès de mon grand-père paternel, deux mois après le mariage de mes parents. L'organisme épuisé par les excès, le cœur fragilisé depuis des années, mal pris en charge de surcroît par un tempérament négligent et anarchique, le firent succomber au *heartbreak* une nuit d'été, une nuit de vacances méridionales, une sale nuit d'août 1978 dont ma grand-mère se réveilla au petit matin à côté d'un cadavre.

Dix mois plus tard, je fus conçu. Dès lors, j'étais marqué. La faiblesse et l'inconscience de mon aïeule firent le reste. Je passai toutes les vacances d'été de ma jeunesse dans cette maison du Sud de la France, encore fraîchement endeuillée à mes premières venues là-bas. En fait de vacances, l'imagerie habituelle de soleil, de piscine et de cartes postales ne s'en trouvait certes pas absente, mais sombrement entachée d'autres trames bien plus obscures et sous-jacentes. Si je me rendais régulièrement à la piscine de la petite ville toute proche, on m'amenait aussi contraint et forcé au cimetière du village. « On » se résumant à une seule et unique personne : ma grand-mère paternelle, inconsciente du transfert qu'elle opérait sur moi suite au décès de son mari enterré là-bas. Son corps n'avait pas été rapatrié en notre contrée septentrionale et fut inhumé sur le lieu de ses vacances, où le destin avait subitement décidé de le faire mourir. Une sépulture familiale de trois places s'y trouvait déjà et abritait la dépouille de son frère aîné, mon grand-oncle, homme d'Église imposant et charismatique, autorité morale de la famille, qui était venu mourir en ce lieu l'année d'avant. Il était si simple de l'enterrer sur place, auprès de son frère, plutôt que de laborieusement s'ingénier à rapatrier le corps à plus de huit cents kilomètres de là... Avec ces morts se tournait une page familiale. Avec ma naissance devait impérativement s'en écrire une autre... Ma grand-mère mourrait de ce que cette page demeurerait blanche...

Les allers-retours entre le petit hameau où se posait notre maison et le cimetière étalé de l'autre côté du village étaient fréquents. Quatre ou cinq kilomètres à pieds, sous un soleil de plomb, petit bonhomme main dans la main avec sa Mamie au long de la route départementale de cette zone désolée d'habitat rural très dispersé. Jamais elle n'y emmena ses autres petits-enfants. Jamais ni mes parents ni mes oncles et tantes ne s'y rendirent. C'était une affaire entre elle et moi. Toute imprégnée de son inconscience et de l'inconscient familial de son défunt mari, elle m'associait à lui, faisait passer le témoin de lui à moi, nous transmettait un flambeau commun. Avec, en point d'orgue et comme responsabilité me tombant dessus, cette tâche insurmontable de redorer le blason d'une famille déchue.

Ce n'est qu'à l'âge de vingt-six ou vingt-sept ans, après sa mort à elle, que je pris pleinement conscience, sans en être véritablement surpris finalement, comme si cela confirmait une intuition ancienne, de ce mécanisme épouvantable. Et de cette responsabilité surtout inassumable. C'est justement le décès de cette femme, rongée intérieurement six mois durant par un cancer du foie inexplicable au vu de son excellente hygiène de vie, qui m'entraîna vers l'introspection et la compréhension. C'est lorsqu'elle prit définitivement conscience du fait que je ne serais jamais à la hauteur de ses aspirations et de l'idéal qu'elle projetait à travers moi, qu'elle décida d'en finir. Au bout de six mois de maladie stagnante. Vingt jours suffirent à la faire déchoir jusqu'au trou. En termes d'aspirations qui furent les siennes, en l'occurrence épouvantablement conventionnelles, il eût fallu que je réalisasse le parfait standing de l'homme accompli : un beau mariage, des héritiers, la pérennisation du patronyme familial en sursis depuis six générations, une grande réussite professionnelle. Autant demander à un vieillard en déambulateur de courir le marathon. Comment aurais-je pu lui faire comprendre à quel point mon degré de névrose et la spécificité de cette dernière rendaient impossible à l'être que j'étais de s'insérer dans les schémas classiques et normaux de l'existence humaine ? Ben non tu sais j'ai un problème psycho-existentiel d'incompatibilité avec le réel... Autant expliquer à une Bonne sœur que le bon Dieu n'existe pas.

Ma famille paternelle était marquée par des types de personnalités extrêmement psychorigides et réservées. Beaucoup de choses demeuraient tabous, enfouies, maintenues sous silence. Chacun campait sur son quant-à-soi, sur son inflexible barre de fer personnelle. J'ai le souvenir de visages figés, de regards implacables, d'échanges avares et malaisés, de sourires inexistants, de froideur et rudesse de rapports. Je dois reconnaître en avoir sans doute en grande partie hérité moi-même : bien qu'ayant passé ma vie à rechercher une chaleur et une douceur de rapports avec mes congénères, je me suis bien souvent trouvé mal à l'aise les rares fois où ces dernières me furent manifestées. Ne parlons pas du témoignage affectif, qui me laissa coi et estomaqué les rarissimes et miraculeuses fois où je le connus. C'est comme une langue que je n'ai pas apprise à parler, je ne sais qu'y répondre, encore moins comment y réagir. Il s'avérait donc laborieux, dans cette famille, d'établir un échange, plus encore de glaner des informations quant au passé. Comme un vieux livre poussiéreux qu'il ne fallait surtout pas rouvrir. Les quelques rares renseignements que je parvins tout de même à obtenir, essentiellement par l'entregent de membres de la famille plus éloignés, me confirmèrent la cruauté de ce que j'avais pressenti... Je savais les problèmes de dos de ma grand-mère fréquents malgré sa santé de fer. Au moindre faux-mouvement, elle demeurait bloquée quinze jours. Cela ne pouvait pas être sans raison. Je savais l'alcoolisme de mes antécédents masculins et les parcours professionnels en dents de scie de ces derniers. Je ne fus pas surpris lorsque j'appris amèrement la violence conjugale, les coups de pieds dans le chien et la femme qui valse contre le mur. Ce que j'entrevis dans les rapports houleux et déséquilibrés qui régnaient entre mes parents ne s'en trouva hélas pas très éloigné. Je me suis juré toute ma vie ne jamais reproduire ce schéma patriarcal de soumission de la femme à son homme dominateur, une soumission poussée jusqu'au viol conjugal dont j'ai été témoin durant des années. Années marécageuses et nauséabondes où, la tête enfouie sous l'oreiller jusqu'à l'étouffement, accomplissant les plus suprêmes efforts qu'il se put pour ne point ouïr les plaintes et gémissements émanant de la chambre parentale, je coulais à pente raide vers le plus noir et glauque des abysses familiaux. Je n'ai pas de pire souvenir en tête sur trente ans d'engrangement mémoriel. Un traumatisme et un cauchemar absolus. J'aurais mille fois préféré me retrouver clochard à l'adolescence que de continuer à stagner dans ce bourbier, dans cette pourriture, dans ces larmes quotidiennes. Tout mais pas ça, me jurais-je à l'âge de treize ans, tout mais pas ça dans ma vie future ! Que j'abrège et abolisse ici et maintenant le spectre fatal de cet enfer familial ! Étant demeuré seul comme Ulysse navigant vers nulle part, ma vie privée s'avérant pour toujours inexistante, la question s'en est vite trouvée réglée.

Étant enfant, j'avais l'image et la réputation, bien involontaires et regrettées de ma part, d'un petit intello à lunettes, d'un petit singe savant, d'un enfant intellectuellement précoce, limite surdoué. Les adultes me voyaient passer mon temps le nez plongé dans des livres d'histoire ou de géographie, m'affublant en conséquence de cette étiquette – qui m'embarrasse encore aujourd'hui – d' « intello ». Cela n'avait rien de glorieux ou valorisant, mais bel et bien péjoratif de la part de ceux dont j'étais la cible. Les représentants de l'autorité scolaire me détestaient, bien qu'ils me fissent sauter une classe, me faisant passer directement du CE1 au CM1. « Il s'ennuiera en CE2 » avaient-ils décrété. Ces ouvrages d'histoire et de géographie n'étaient certes pas le fait de mon éventuel « intellectualisme », mais le fait d'un schéma psychique de névrotisation progressive, n'étant pas en phase avec mon ici et maintenant familial, fuyant ce dernier pour trouver refuge dans les ailleurs, aussi virtuels fussent-ils, que me procurait l'évasion dans le temps et dans l'espace. Cette réalité de ma déchéance névrotique lancinante, aucun des adultes de mon entourage ne la soupçonnait une seule seconde. Ils se contentaient de tabler sur un avenir réussi et mirobolant me concernant. Je deviendrais sans doute un grand professeur, un archéologue ou un ingénieur ! Dieu que personne ne soupçonna ce qu'il adviendrait de l'insubmersible Titanic au jour de son glorieux départ !

Il ne faut point trop se fier aux enfants trop sages, trop calmes et trop doués à l'école. Sans problèmes apparents, sans crises de larmes, sans caprices. Ce qui se trame au fond d'eux se maintient invisible des années. Je me fabriquais ma fantasmagorie intérieure, me déployais mon univers personnel mythomaniaque, en-deça du réel. La vie réelle qui était alors la mienne s'avérait humainement désastreuse. Rien dans ce que je vivais réellement ne se montrait en mesure de pouvoir me construire en tant qu'être humain. Aucun apport affectif et relationnel, nourriture essentielle pour le tissage du lien social, pour la connexion d'un être en devenir au monde qui l'entoure, pour l'insertion dans le réel donc.

J'étais un enfant sauvage, ou intermédiaire entre le sauvage et le civilisé. Je suis un « entre-deux ». Je n'ai pas été élevé par des singes dans la jungle, ni par des loups dans la forêt, mais ai macéré au sein d'un marécage humain nauséabond où mes géniteurs ne se souciaient consciemment que de me filer à bouffer et, inconsciemment, que de se servir de moi comme poubelle psychanalytique vouée à recueillir leurs déchets en la matière. Aujourd'hui, je ne me définis identitairement que comme étant le contre-produit névrotique de ce qu'étaient mentalement mes parents, rien d'autre.

Mes toutes jeunes années ont été cruellement carencées d'une saine socialisation qui eût pourtant été grandement nécessaire. À l'école maternelle, déjà, je ne me mêlais pas aux autres enfants, ils me faisaient peur. Je passais mes récréations à tenir la main de ma maîtresse. Je n'étais intégré dans aucun club de ceci ou association de cela. En-dehors de l'école, je ne voyais jamais les autres enfants de mon âge, nous habitions une maison à l'écart du village – eu égard à la misanthropie paternelle – ce qui contribua à limiter les contacts. On m'emmenait toujours voir des personnes âgées : une grand-tante qu'il fallait visiter, une voisine qu'il fallait soigner, la ferme d'un grand-oncle à plusieurs kilomètres en rase campagne jusque laquelle nous allions à pied. Combien de fois ai-je été pris par la main par mes grand-mères pour être amené chez ces vieilles personnes qui m'abordaient au mieux avec condescendance, au pire avec indifférence. Bien que j'en prisse conscience tardivement, cette réalité aura pesé lourd dans mes rapports sociaux, pour le peu qu'ils existassent : je n'ai jamais su développer de véritable amitié avec quelqu'un de ma génération, n'ayant toujours su copiner qu'avec des gens plus âgés. Mes parents n'ont jamais su se défaire de la coupe ou de la tutelle de leurs propres parents, ce que j'entrevoyais comme une forme d'avilissement.

Je ne comprenais pas le mode de fonctionnement des adultes, et cela n'a guère beaucoup changé depuis vingt ans ! Je ne comprenais pas qu'il faille faire la bise pour dire bonjour, laisser sa place assise pour les adultes. J'écoutais insidieusement leurs conversations, qui m'atterraient le plus souvent. Et m'atterrent encore aujourd'hui. Je percevais, l'œil en coin, leur fonctionnement social aberrant : il faut se marier puisque individuellement on n'existe pas, il faut se trouver sa moitié, la présenter à la famille, l'y intégrer pour ensuite la faire participer à toutes les formalités incontournables – mariages, enterrements, communions, baptêmes – auxquelles on est sommé de participer. Ma mère s'est toujours demandée ce que j'allais bien pouvoir lui « ramener » comme belle-fille, et me sommait de devoir trouver une « moitié » afin d'étoffer le tissu familial. Pauvre d'elle ! Elle qui n'a jamais su percevoir les handicaps relationnels incurables de son fils aîné, elle qui se voyait déjà m'amenant bras dessus bras dessous à l'autel, le jour d'un mariage qui n'aurait jamais lieu, elle qui m'incitait sans cesse à partir en vacances avec des « amis », puisqu'il fallait, à ses yeux, obligatoirement exister socialement. Avec quels « amis » serais-je bien parti ? Je n'en avais aucun. Elle était complètement à côté de la plaque en réalité, ne me percevant nullement dans l'objectivité de ce que j'étais, mais projetant à travers moi, telle une nuée ardente mythomane éruptant aveuglément, m'enfumant jusqu'à l'intoxication, un rêve que je ne réaliserais jamais. J'en suis encore malade aujourd'hui, malade de cette femme, malade de sa maladie.

J'ai été un gamin assez pervers, attiré par l'interdit sous toutes ses formes, jouissant de joutes verbales provocantes et de sadisme envers de petits animaux. Une tendance forte à la cleptomanie me marqua aussi, je piquais de l'argent dans la caisse d'un estaminet où je traînais mes guêtres, volais des objets aux uns ou aux autres dont je m'empressais aussitôt de me débarrasser ensuite. Très créatif d'un côté mais ne pouvant juguler par ailleurs une irrépressible propension à la destruction, j'esquissais nombre de dessins spontanément élaborés de bûchers, de guillotines, crayonnant sans cesse la tête de Louis XVI dans la main du bourreau, sanguinolente de décapitation, pour jeter ces dessins à la poubelle aussitôt achevés. Mes aptitudes s'avéraient multiples : je pris des cours de piano cinq ans durant qui m'élevèrent jusqu'à un niveau certain aux dires de ma professeur, une vieille dame merveilleuse. Mais décidai d'y mettre un terme vers l'âge de douze ans, ennuyé de tous les à-côtés – examens, concours – inévitablement concomitants à la chose. On me proposa le conservatoire de dessin : je refusai. On me proposa le conservatoire de piano : je refusai. J'étais rebuté par la dimension scolaire, officielle et disciplinaire de ces instances. J'ai passé ma vie à m'avorter.

À l'âge de sept ans, ma mère m'envoya m'inscrire au catéchisme. Mes parents n'étaient pas du tout croyants, encore moins pratiquants, mais avaient été élevés tous deux dans des milieux familiaux très imprégnés de morale et d'éducation religieuses. Il faut dire aussi que je viens d'une des régions de France où la pratique catholique demeure une des plus vives. Ma mère, ainsi soumise à un conditionnement éducatif avilissant, dont elle n'a jamais su psychologiquement s'émanciper, m'inscrivit donc au catéchisme, plus par tradition et par crainte de sa mère, que par ferveur sincère et profonde. Je me revois enfant, m'acheminer misérablement vers l'église du village, muni des deux misérables pièces de vingt centimes qu'on m'avait refourguées pour la « quête ». Personne ne m'accompagna, j'ai dû entrer seul et effarouché dans cette maudite église, tel un *Misérable* de Victor Hugo. C'est seul et perdu que j'ai toujours dû tout affronter, on ne m'a jamais pris par la main. Toujours est-il qu'au bout de trois ou quatre séances de ce catéchisme qui m'emmerdait royalement, je fis part à ma mère de mon souhait de ne plus y retourner. Ce à quoi elle ne s'opposa pas. Restait seulement à craindre et affronter la réaction de ma grand-mère, ce dont il s'agirait d'une tout autre paire de manches et du début d'une succession d'épisodes qui me poursuivraient jusqu'à la trentaine…

À l'âge de quatorze ans, je fus renvoyé trois jours du collège pour avoir écrit sur un tableau des insultes à caractère pornographique à l'encontre d'une professeur détestée. Après avoir été un élève de primaire quasiment surdoué, je sombrais progressivement, l'adolescence arrivant, vers une désinvolture qui ne m'a jamais plus quitté depuis. Mes résultats scolaires s'en ressentirent, bien qu'ils demeurassent honorables grâce à ma mémoire prodigieuse me permettant de tout apprendre facilement et rapidement, sans avoir besoin pour cela de fournir beaucoup d'acharnement au travail…

Parallèlement, marqué par cette carence d'éducation religieuse que j'évoquais, carence consécutive à l'athéisme parental ainsi qu'à mon abandon d'un catéchisme ennuyeux, je me pris subitement d'une foi chrétienne que j'ai délaissée depuis. J'allai à la messe tous les dimanches et osai hebdomadairement prendre l'hostie bien que je ne fisse point ma communion. Je savais pertinemment qu'il s'agissait là d'un blasphème mais m'en contrefichais, bien qu'angoissé du fait que le curé aux mains desquelles je prenais le pain eucharistique découvrît ma supercherie. Je lui signifiai avoir fait ma communion dans une autre paroisse, mais il ne s'agissait là que d'un pieu mensonge. Ma grand-mère maternelle, extrêmement pieuse et affligée du fait que j'abandonnasse le catéchisme quelques années auparavant, s'enquérait régulièrement auprès de moi du fait que je ne communiasse pas lors des messes. Je la rassurais d'un pieu mensonge là aussi...

Bien des années plus tard, lorsqu'elle décéda, je reçus dans ma boîte aux lettres, huit jours exactement après sa mort, une carte qu'elle avait préparée à mon endroit. Je ne pus décrypter que laborieusement l'écriture de la vieille femme, l'écriture maladroite et torturée d'une main tremblant sous le coup de la maladie de Parkinson. Les bras m'en tombèrent de ce que j'y déchiffrai : « il te faut une éducation chrétienne ! » m'assénait-elle. J'avais vingt-neuf ans... Ma grand-mère avait tout préparé avant son départ : le déroulement de ses obsèques, ce qui devait revenir à chacun et les derniers messages qu'elle souhaitait adresser. J'étais ému et heurté par le caractère posthume de ce geste, touché par l'enveloppe contenant la carte, titrée d'un adorable « à notre Julien chéri », mais en même temps atterré par son contenu. J'étais certes un « Julien chéri » mais un Julien hérétique et blasphématoire, ayant eu l'audace d'abandonner le catéchisme de son propre chef à l'âge de sept ans. Je fus du reste le seul et unique enfant de mon village et de ma génération à ne pas faire sa communion, ce qui paraissait aberrant au sein du contexte socioculturel traditionnel et rural d'où je proviens. Cela ne fit qu'empirer mon statut de brebis galeuse et d'enfant mal-aimé. L'année de mes douze ans, je vis les autres enfants de mon âge faire leur communion, alors que je demeurai en retrait, à ne point y participer. On me considérait comme un « spécial ». Au seuil de la trentaine, prenant acte de l'assertion moralisatrice et infantilisante de ma grand-mère à la lecture de son message posthume, je fus consterné. Que fallait-il alors que je fasse ? Que je retourne au catéchisme ? Que je me mette à lire la Bible ? Que je m'inscrive à la maison paroissiale tenue par Sœur Simone et Sœur Jeanne-Marie afin qu'elles me remettent sur le droit chemin ?

Vu de l'extérieur, j'étais cependant l'enfant modèle, même si mal-aimé. À l'époque, je n'avais aucun problème d'inhibition, de timidité ou de difficulté d'affirmation de soi. J'allais au-devant des autres et des situations de la vie avec franchise et confiance en moi. Ma carence de socialisation ne m'entraverait réellement que quelques années plus tard : c'est vraiment avec l'adolescence que tout s'est effondré, quand il a fallu passer de l'enfance à l'âge adulte. Ma psychose maniaco-dépressive, latente depuis le début de ma vie, s'était alors pleinement affirmée.

Les idées toutes faites que mon milieu familial me mit sauvagement dans le crâne m'écrasaient encore pleinement à l'âge étudiant. Sinon, je n'aurais pas ainsi perdu quatre années en l'occurrence improductives. Improductives socio-professionnellement s'entend. Pour le reste, j'appris de moi-même bien plus en ces quatre années, lors des moments lillois que cette vie étudiante impliquait – revenant en fin de semaine au domicile parental – que lors des dix-huit années précédentes. En premier lieu, j'appris la vie urbaine, ce qui était tout à fait nouveau : la promiscuité, le logement collectif, la densité du bâti, de la foule et des transports. Cette effervescence me déstabilisa au début, je n'étais qu'un gars de la cambrousse, issu d'un milieu n'ayant jamais été très ouvert au monde, surtout en ce qui concerne mon ascendance maternelle. J'avais passé ma prime jeunesse au milieu des champs, astreint aux tâches inhérentes à la vie rurale, élevé – terme bien inadéquat – dans un contexte rude et matériellement minimaliste. Je découvris donc, en fin d'adolescence, le métro, les escalators, l'infinité des rues, des commerces et des activités. La diversité aussi de la population, le melting-pot de la grande ville, qui tranchait radicalement avec l'uniformité socioculturelle du monde villageois dont je ressortais. Quand je repense à ma grand-mère qui pleura, fit toute une montagne, du fait que j'abandonnasse le catéchisme et renonçasse à ma communion, « c'est comme si on m'enfonçait un couteau dans le cœur » avait-elle alors théâtralement argué, au vu de tout ce que je découvris d'excentricité, de démesure et d'anticonformisme dans le monde urbain, je mesurai le fossé abyssal et inouï séparant les deux mondes. Ce qui, pour les uns, à un moment donné, paraît important, gravissime, une affaire d'État, se trouve totalement et bienheureusement relativisé aux yeux de beaucoup d'autres, bien des années après.

Nonobstant le rafraîchissement bienvenu que s'avéra pour moi l'ouverture à d'autres sphères culturelles que la ratière villageoise dont je provenais, je vécus ces années de post-adolescence comme un calvaire existentiel. Deux problèmes majeurs se posaient alors gravement à moi : d'une part, la mise au pied du mur que m'infligeait un père qui n'en était pas un, que je redoutais en permanence et, d'autre part, l'épée de Damoclès que représentait cet avenir qu'il allait falloir, d'une façon ou d'une autre, affronter. J'étais alors déjà pleinement conscient de mon incompatibilité avec le réel. J'en étais envahi d'un effroi absolu que je ressens, dix ans après, aussi viscéralement qu'à l'époque. C'était un sentiment de terreur exactement identique à celui qui compresse de l'intérieur un condamné à mort sur le point d'être amené, qui à la guillotine, qui à la corde, qui à la chaise électrique. L'affolement aussi de l'animal amené à l'abattoir, dévoré de crainte et de stress dans le fourgon où on l'a enfermé pour être véhiculé jusqu'au lieu de l'abattage et qui, une fois sur place, voit s'amener à lui les bouchers en tablier plastifié avec leurs immenses couteaux destinés à l'égorger. J'en ai les mains qui tremblent en écrivant cela.

Mes années de vie étudiante furent marquées, en outre, par une propension psychologique exagérée au passéisme, à la nostalgie, au pessimisme, à la mélancolie. Je passais des heures et des journées entières, seul, à errer sans but à travers les rues grises et ennuagées, me complaisant dans les atmosphères ténébreuses et automnales que j'ai toujours affectées et qui m'ont toujours affecté. La nuance est subtile et cruciale. J'étais habité par le sentiment de n'être rien, de n'avoir rien, de ne faire rien. Dépressif, je ne l'étais pas médicalement mais chroniquement. Pas conjoncturellement mais structurellement. C'est sur le moment moins grave mais fondamentalement plus grave. Je m'achetais régulièrement des bouteilles à picoler seul dans ma chambre, me réveillais parfois le matin en sang, auto-scarifié dans mon sommeil, me laissais aller à quelques accès de cleptomanie aussi : je volai ainsi nombre de CD, de DVD, d'ouvrages et de revues multiples, mais fus un jour pris la main dans le sac, par les vigiles du lieu de vente où je m'étais laissé aller à ces illégalités. Je n'en fus pas traumatisé, mais éprouvai bien au contraire le sentiment d'être recadré, discipliné, remis dans les rails que ces vigiles indulgents me firent ressentir. Comme une autorité parentale saine, structurante et pédagogique, que je n'avais jamais connue jusqu'alors. J'en repartis apaisé, calmé, et n'éprouverais plus jamais de ma vie de tentations cleptomanes telles que celles-là.

Je n'avais pour ainsi dire pas d'amis, si ce n'est quelques vagues camaraderies circonstancielles. Ma lamentable irresponsabilité de l'époque me faisait dépenser tout le maigre argent de poche que je possédais alors dans des places de cinéma qui me permettaient de tromper vainement mon ennui et de fuir illusoirement ma solitude. Sur un plan plus intime et amoureux, je ne vivais strictement rien, n'étant à l'époque qu'un garçon écrasé de timidité, socialement paranoïaque et se complaisant dans l'inassouvissement de ses désirs sentimentaux et charnels. Se réfugiant dans le culte du passé, dans la fascination – par identification rassurante – pour des personnages similaires de marginaux, de paumés, de clochards, de vieilles filles et de curés.

Je passais des matinées entières de cette période estudiantine, séchant les cours qui me gavaient le plus, à déambuler au travers du dédale morbide du cimetière de l'Est à Lille. Les matins m'étaient cruels à l'époque, étreints de larmes et de chaleur intérieure, d'une ivresse émotionnelle me rendant inapte à évoluer en adéquation avec le réel lors de ces heures aurorales. Ne connaissant jusqu'alors que les petits cimetières ruraux, aîtres ceignant de frêles églises multiséculaires ou cimetières en lisière de village dans le cas où ceux-ci avaient été déplacés, je découvrais avec émerveillement l'étendue infinie d'un cimetière urbain. Sa grille monumentale, ses allées innombrables, ses arbres centenaires. Je pouvais même m'y égarer en plein milieu et perdre de vue les murs puissants le délimitant. J'étais bouleversé par la zone des tombes d'enfants, où des statuettes d'anges auréolaient pathétiquement de minuscules sépulcres. Je découvrais par ailleurs le fait que des horaires d'ouverture et de fermeture contraignaient les visites d'un cimetière urbain, ce qui n'était guère le cas des misérables cimetières villageois parsemant mes collines d'enfance, où mes allées et venues pouvaient sans peine s'y dérouler de jour comme de nuit. Il m'arrivait ainsi très souvent de sortir le soir de chez mes parents pour aller errer dans une solitude vespérale magnifique au long des ruelles du village et rejoindre le cimetière où je trouvais une tombe sur laquelle m'asseoir et feuilleter le livre précieux que j'y avais emmené. Tantôt des contes de Maupassant ou d'Edgar Poe, tantôt des poèmes de Baudelaire. Mes pensées perdaient alors pied avec le réel, tout absorbées qu'elles étaient par ces lectures profanes et par l'irisement lunaire irradiant les tombes adjacentes.

Des lectures profanes délectées au sein d'un univers chrétien me cantonnèrent à un syncrétisme jouissif. Je me sens très païen dans l'âme et rejette tout dogme monothéiste. Les grandes religions naquirent dans le désert, prospérèrent rapidement dans les grandes entités urbaines puis se diffusèrent lentement au travers des espaces ruraux habités de populations encore païennes. J'aurai voulu que ce paganisme originel s'y maintînt. Que sa symbolique et sa beauté ne s'y trouvassent un jour entachées de la conversion forcée à l'autorité monothéiste. Les grandes religions s'avèrent très anthropocentristes, plaçant à grand tort l'Homme au-dessus de la nature, aspirant à ce que cette dernière se soumette à lui : construire les cathédrales et les mosquées les plus hautes possibles afin de défier la pesanteur, placer la Terre au centre de l'univers en faisant croire que c'est le soleil qui tourne autour de nous. Ces grandes religions assoient en outre péremptoirement leur autorité par le fait de représenter des entités de pouvoir, presque ou complètement politique, et en imposant des dogmes, des morales, des tabous, des interdits : tout ce à quoi je demeure incorruptiblement réfractaire. J'ai un seul et unique principe : celui de ne pas en avoir. J'aime le blasphème, j'aime l'hérésie. J'aime le mensonge, j'aime la félonie. A contrario de l'anthropocentrisme inhérent à l'autoritaire assise sociétale du monothéisme, les croyances et les rites dits ancestraux, païens, chamaniques, animistes, respectent la nature et tentent de faire vivre l'homme en adéquation avec elle. La vénèrent même, ayant bien compris que la petitesse humaine n'était rien face à la force des éléments : la force du vent, la puissance de l'océan, les énergies transcendantales dont nous inondent le soleil et la lune, le respect de leurs cycles et des saisons. Le paganisme n'émet par ailleurs aucune forme de moralité ou de dogme stupides comme ceux véhiculés par la morale chrétienne – soumission, culpabilité, pardon forcé – qui a écrasé ma jeunesse. Étant un garçon de tempérament et de comportement beaucoup plus Natures que Cultures, je me sens définitivement païen, le destin aurait dû faire de moi un chaman.

Pas facile d'aller le cœur léger vers l'avenir quand on croule sous le poids, objectivement du passé, subjectivement de la complaisance dans ce dernier. Quand on se sent comme maintenu au fond d'un marécage, les pieds liés à un pavé, alourdi dans cette vase dont on a toutes les peines du monde à se dépêtrer. Là où l'on dit que les vingt ans sont le plus bel âge de la vie, je rétorquerais que, en ce qui me concerna, c'en fut l'année moralement la plus atroce. J'ai souvenance de kilomètres interminables parcourus à pieds, en rase campagne, où le vent des champs m'envahissait d'un désespoir absolu quant à l'avenir. Seul, debout face à l'horizon infini, j'implorais le destin de m'apporter une salutaire opportunité dans un domaine qui m'eût convenu et m'eût ainsi permis d'échapper à la normalité. J'ai durant des années attendu un déclic qui n'est jamais venu. Je ne savais vraiment pas quoi faire de ma vie. J'étais tiraillé entre mes rêves artistiques et ma conscience par trop aiguë du fait qu'il n'était absolument pas dans mes cordes de m'insérer dans la vie normale. Ces deux paramètres m'eussent amené à l'impasse. Comment faire alors ?

J'ai bien essayé, j'ai bien fait quelques tentatives, ici ou là, mais en fournissant, d'une part, un effort mental et humain gigantesque pour tenter de jouer ce jeu et en en ressentant, d'autre part, au final, une impression amère de retour à la case départ par la confirmation évidente de la réalité de mon problème. Les études que je poursuivais volens nolens auraient dû m'amener à travailler dans les domaines de l'enseignement, de l'urbanisme ou de l'aménagement du territoire. J'en suis nauséeux rien qu'à y repenser. Ce ne sont pas les disciplines en elles-mêmes qui me posaient problème, mais tous les à-côtés qui en sont inévitablement inhérents. Me retrouver inséré dans une entreprise ou une structure quelle qu'elle soit, me retrouver astreint à une absorption mentale permanente sur des sujets « normaux », des thèmes du « réel », me retrouver entouré en permanence et sous le regard d'autrui, devoir être à la hauteur d'exigences, de présentation, de charges et de responsabilités, cette impression de devoir être à la hauteur qui m'horrifie. Au moins, en me contentant de vils boulots d'entretien, ces problèmes se posaient à une échelle tout à fait moindre, dans une mesure bien plus limitée et donc supportable.

Régulièrement, bien sûr, j'avais droit à la valse des questions inévitables quant à ma vie et à mon parcours. Quant à mes études et à leurs débouchés potentiels. Dans quelle branche étudies-tu ? Et c'est pour faire quoi plus tard ? Me demandait-on, surtout dans mon milieu familial. Ces questions m'anéantissaient. Je n'y répondais que par des formules automatiques, des phrases toutes faites, dénuées de toute forme d'enthousiasme ou de sincérité. Je me dépatouillais de ces interrogatoires et demandes de justification en brodant un imbroglio conventionnel, tentant de maintenir l'apparence de la légèreté mais, intérieurement, j'étais broyé. Personne ne pouvait comprendre le grave problème qui était le mien. Je ne pouvais compter, s'agissant de cela, sur aucune oreille attentive qui m'eût éventuellement concédé une once d'indulgence ou de compréhension. Constatant ou entrevoyant parfois le caractère évasif des semblants de réponses que je leur faisais, mes interlocuteurs – genre le frère de mon grand-père ou la cousine de mon père – me faisaient part de leurs suggestions, de leurs conseils pour mon avenir professionnel. L'un me suggéra d'entrer dans la Gendarmerie, l'autre me conseilla de devenir inspecteur des Impôts. Que l'on me retienne de me faire hara-kiri, de me scalper ou de m'éventrer au seul souvenir de ces aberrations. Que l'on me retienne de m'éviscérer ou de m'égorger au désespoir, encore et toujours, de la conscience, à en devenir fou, de cette impossibilité pour moi de m'insérer dans le réel. J'avais envie de mourir ou de sombrer dans la folie lorsqu'on me suggérait ces options professionnelles, dans mon cas invraisemblables.

Je n'avais envie que d'art, de musique, de démesure, d'émotion infinie. On m'évoqua aussi le fait de devenir prof. J'en éprouvai automatiquement la même nausée, le même désarroi. Rien que l'idée de m'amener, ma sacoche sous le bras, devant une salle emplie d'élèves, supporter leurs regards une heure durant, palabrer, blablater avec la concentration intellectuelle que cela requiert, sur des sujets du réel, m'eût été purement irréalisable. Si l'un des élèves avait sorti une connerie, j'aurais été le premier à rire avec lui ou, au contraire, à me laisser emporter vers un autoritarisme radical et à tout foutre en l'air autour de moi. J'eusse été, ou une larve ou un dictateur, rien entre deux. Personne ne comprit donc la carence de volontarisme et l'absence d'actualisation socioprofessionnelle d'un parcours dont ils pensaient pouvoir préjuger du faramineux aboutissement. Mais tu es pourtant un garçon intelligent ! Me rétorquait-on bien souvent, comme si le niveau intellectuel avait quelque chose à voir là-dedans. Un bac plus quatre qui plus est, vous rendez-vous compte ! Des diplômes et une réputation d' « intello » dont j'étais marqué au fer rouge depuis mon enfance... J'étais peut-être doué d'une certaine intelligence, mais une intelligence de maniaco-dépressif et cela, personne parmi celles et ceux que je côtoyais ne s'en formalisèrent. C'est la nature de mon intelligence qui est en cause dans mon cas de figure existentiel dramatique, non son degré. Ils parlaient donc tous d'intelligence, sans apparemment en être véritablement doués eux-mêmes.

Me revient également en mémoire un entretien d'embauche que je passai, autour de mes vingt-deux ans, dans une grande entreprise de logistique et d'aménagement du territoire. La seule retranscription de l'intitulé de la chose me dégoûte. Le directeur me trouva sans doute évasif, peu entreprenant, peu enthousiaste. Il devait me prendre pour un garçon un peu paumé, se demandant ce qu'il foutait là. Son ressenti releva de l'euphémisme. Le spectacle de cette entreprise moderne, comptant parmi elle des employés de milieux sociaux aisés, pleins d'ambition, « à fond dedans », me désespéra. Ce qui me désespère surtout, c'est le spectacle de l'inconscience des autres quant à l'immensité du temps et de l'espace que je percevais, pour ma part, par trop ardemment, mais dont eux n'avaient aucune perception. Ils étaient hyper focalisés sur leur tâche, hyper connectés au ici et maintenant, sans recul ni relativisation vis-à-vis de l'importance – en l'occurrence dérisoires – du tracé d'une route ou d'un plan urbain à l'échelle cosmique. C'est ce fossé monumental entre la perception des autres, quasi nulle, et ma perception à moi, constamment paroxystique, qui m'était impossible à combler et me rendait le principe d'intégration sociale absolument insurmontable. Ne pas être sur la même longueur d'onde. Depuis, je suis tout de même relativement redescendu sur terre, il l'a bien fallu, le temps et les impératifs de la vie en ont inévitablement voulu ainsi. J'en suis factuellement heureux mais conceptuellement malheureux.

Comment peuvent-ils ne pas avoir conscience de cela ? Me demandais-je sans cesse. Comment peuvent-ils ne pas voir cela ni prendre le recul de la lucidité vis-à-vis des choses du réel, pour s'élever spirituellement vers d'autres sphères bien plus fondamentales, importantes et intemporelles ? Dans les différents contextes de ma vie d'alors, mon âme n'était absorbée que par la musique, les symboles et l'amour. En marchant dans la rue, je ne voyais que le soleil et la lune, leurs lumières et leurs symboliques, ce en quoi ces astres transcendaient la vie terrestre. Je manquai plusieurs fois me faire écraser en traversant la rue. Sur les bancs de la fac, mon regard et mon attention ne se portaient que sur l'objet de mes désirs, inaccessible cela va sans dire. Dans les magasins, je n'achetais que les produits couverts d'une jolie étiquette ou évocateurs de jolis symboles, à défaut de prêter attention à leur prix ou à leur qualité, paramètres objectivement plus prioritaires tout de même. Ce sont des détails du quotidien, mais qui retranscrivent bien le caractère bancal et marginal d'une âme en-dehors du réel.

Ce qui n'arrangeait pas mes possibilités d'intégration dans ce réel et, encore moins, l'enthousiasme et la confiance que j'eusse très improbablement pu en éprouver, se situait dans la réalité dramatique du comportement de mon père avec moi. Cette « mise au pied du mur » que j'évoquais plus avant. Un véritable ultimatum qui dura sept ans, de mon opération chirurgicale adolescente jusqu'à ma prise d'indépendance à l'âge de vingt-quatre ans. Il me menaçait sans cesse de me foutre à la porte, hurlait à qui voulait l'entendre qu'il ne me supportait plus, qu'il avait hâte que je sois parti. Ma seule présence l'horripilait viscéralement. De multiples menaces tombèrent aussi quant au fait qu'aucune perspective d'avenir professionnel ne se dessinait réellement pour moi. Il m'acculait au fait de devoir déposer des CV à droite à gauche, de remplir des lettres de « motivation » (sic). Ses assertions me pleuvaient dessus implacablement, assorties de tombereaux de dévalorisation et d'opprobre à mon égard. J'en suis encore terrorisé en me replongeant aujourd'hui dans ces glauques souvenirs à retranscrire sur le papier. C'est vraiment ce climat d'insécurité permanente engluant ma jeunesse qui aura détruit ma vie. Par tout ce que cela aura engendré de destruction dans ma vision de la vie, dans mes rapports aux autres et à moi-même. Je ne souhaite pas à mon pire ennemi d'endurer cela.

Quant au fait de tenter une approche psychologique avec cet homme, de tenter de lui faire part du problème qui était le mien, ç'eût été impensable. La psychorigidité de l'intéressé ne l'eût aucunement rendue possible. Si encore les choses s'étaient passées dans un climat de douceur et de confiance, le fait d'affronter la vie ne me traumatisât pas outre mesure. Quant on est stimulé, porté par un tremplin affectif, par une base de confiance et de chaleur qui nous est témoignée, les choses de la vie s'avèrent extraordinairement plus légères. Cela doit bien être monnaie courante au sein de nombreux milieux familiaux. Seulement voilà : tout le monde ne naît pas sous la même étoile. L'étoile sous laquelle je suis né brille d'une noirceur d'encre magmatique, elle est plus sombre que le ciel nocturne dont elle entache hérétiquement le firmament.

***

J'ai vu beaucoup plus de choses en ayant les yeux fermés qu'en ayant les yeux ouverts. Au plus loin que remonte ma mémoire consciente, de multiples mondes m'ont habité. L'envergure de mon champ de perception spatio-temporel m'horrifia et m'exalta aux sources de ma conscience et aux limites de l'entendable. Dans ma tête se déversait l'entièreté de l'univers, sans haut ni bas, sans début ni fin, le néant rompu seulement par la lévitation ici et là de lunes et de soleils ne se heurtant jamais. J'imagine constamment ma mâchoire s'arrachant de mon crâne, ouverte d'effroi sur l'infini, avalant la totalité cosmique. Cette impression m'était horrifique, couronnée cependant d'ivresse, auréolée de désir, du désir immense de Christophe Colomb contemplant l'horizon Atlantique avant de s'y jeter un jour, sans savoir s'il y aura de la terre de l'autre côté. Moi je n'étais sûr que de l'infini et de l'absence de délimitation. Je savais que le temps et l'espace étaient et sont des paramètres sans début ni fin, infinité m'emplissant d'horreur.

La hantise de l'extinction du soleil se glissait en moi de façon récurrente. J'imaginais notre globe voué aux froids définitifs et implacables qui scelleraient le sort de la race humaine et de toutes les autres. Une fois l'astre éteint, globe noir culminant à son zénith obscur, les masses végétales de notre planète, infirmée dans leur quotidienne photosynthèse, ne produiraient plus d'oxygène. Les êtres de la Terre s'en verraient voués alors à une asphyxie progressive, condamnés à une déperdition lente, et je ne pouvais m'empêcher d'imaginer l'effroi de l'ultime survivant. Son errance et sa plainte, aux travers des océans pétrifiés de glace, des oasis gelés au milieu des déserts, des mosaïques cristallines en lesquelles se mueraient les deltas. Toute possibilité d'exutoire abolie, il tournoierait sous le soleil éteint, exalterait la vie sous la boule noire vers laquelle il tendrait les bras avant de s'éteindre lui aussi, éreinté de gaz carbonique, mourant en même temps que la Terre.

Je ne pouvais m'empêcher d'imaginer que cet homme, ce serait moi, le jour venu. Aussi ultraparadoxal que cela soit, il y a toujours eu chez moi, englué sous un épouvantable magma d'auto-dépréciation, d'auto-dévalorisation, d'auto-aliénation, un noyau dur de narcissisme, d'ultra-confiance en moi, de foi inébranlable en mon destin. Si je montais dans un avion dont on annonce ensuite qu'il va s'écraser et qu'il n'y aura qu'un seul et unique survivant, j'aurais immédiatement dans l'idée qu'il s'agirait forcément de moi. Que je ne peux pas mourir, que je suis indestructible. C'est à n'y rien comprendre. Je trouverai donc refuge aux plus extrêmes confins de notre système solaire, j'y errerai de strate en strate entre Neptune et Pluton, en ces orées inatteignables où le soleil ne luit plus que de fraîche tiédeur, où son disque si parfait du point de vue terrestre, ne se réduit désormais plus là, aux lisières de son système, étendues à plusieurs milliards de kilomètres du grand astre, qu'à un grain de sable lumineux, tout juste distinguable dans les ciels neptuniens et plutoniens. Un grain d'étoile vaguement suspendu, irisant les planètes transsaturniennes, mais n'ayant plus aucune chaleur à y prodiguer, au vu des distances homériques à atteindre. Je voudrais jouir des froids absolus régnant aux confins du système solaire, des gaz bleutés et glaciaux émanant de Neptune. Je voudrais aussi jouir des froids plutoniens, ceux-là plus rudes et rocailleux de pierre glacée. Je voudrais surtout connaître les limites précises de cette immense organisation cosmique. Le Soleil maintient sous sa gravité une certaine aire céleste, dont les neufs planètes font parties intégrantes. Mais, une fois ce champ d'attraction arrivé à essoufflement, une fois les distances devenues trop inimaginablement longues pour que d'autres astres, s'il en existe, demeurent sous la coupe gravitationnelle héliocentrique que nous connaissons, nous pouvons dresser les limites précises du système solaire. Et c'est ainsi que je voudrais vivre puis mourir : consumé de froid entre les atmosphères glaciales et gazeuses de Neptune, et celles de roches et de glaces éternelles de Pluton. Brûlé par le zéro absolu qui fige de néant le seuil de la frontière avec le reste de l'Univers.

À cet égard, j'ai toujours un gros problème avec le principe du voyage justement. Du voyage réel, géographique. Pas le voyage onirique, spirituel, symbolique, celui-là vital pour moi mais m'emportant justement par trop au-delà du réel, engendrant chez moi la difficulté d'y demeurer, dans ce réel. Le voyage géographique, lui, me bloque et m'angoisse. Dès que je m'éloigne de mon territoire connu, de mon cadre quotidien et familier, un malaise horrifique m'envahit. Je suis terrifié par l'immensité du monde et surtout la multitude des éléments qui le parsèment. Je suis horrifié de voir toutes ces villes, toutes ces maisons. Rien que l'évocation de tout cela suscite immédiatement en moi l'instinct de pleurer d'affolement et de détresse. Voilà : c'est un désarroi absolu qui m'envahit lorsque je suis amené à voyager. Je n'ai jamais compris ce principe de devoir « partir en vacances ». Pourquoi ? Au nom de quoi ? Alors j'entends bien les gens autour de moi formidablement enthousiastes à cette idée, justement, de partir en vacances, de visiter telle ville ou tel pays, dont ils ramèneront joyeusement des photos et des souvenirs. Pour ma part, l'idée de partir en voyage ne me vient jamais à l'esprit, je sais par avance que j'en serai terrifié et que cela ne m'apportera rien. Si ce n'est une détresse infinie quant au spectacle du monde et de la vie. Un désespoir absolu quant à l'inaboutissement fondamental de la chose et l'incapacité à maîtriser ou posséder tout cela. Ma perméabilité existentielle sans limites fait que les climats et environnements au cœur desquels je suis transposé me foudroient sur place et m'entraînent au bord d'un gouffre de folie. Pourquoi de telles disproportions émotionnelles tragiques ? Pourquoi de telles prises de tête de ma part face à des choses de la vie qui, pour les autres, vont naturellement de soi et paraissent toutes simples ? Je n'en sais rien.

J'ai toujours été complètement à rebours de la façon de fonctionner des autres. Mes humeurs m'ont toujours fait vaciller dans le sens inverse de toute forme de normalité. Je me sens ainsi mieux en semaine, moment d'activité, que le week-end, moment d'oisiveté. J'ai présentement souvenance des mélancolies insupportables des fins de dimanches que je devais endurer lorsqu'en famille nous mangions tous chez ma grand-mère paternelle. En fin d'après-midi, après avoir supporté les *Dimanche Martin* dominicaux, j'étais mal, très mal, littéralement imbibé de cette épouvantable mélancolie du dimanche, n'aspirant qu'au retour du lundi. De la même façon, je me sens mieux en automne et en hiver qu'au printemps et en été. Les gens me prennent pour un fou lorsque je leur fais part de mon ressenti : le retour en septembre des nuages, de la fraîcheur et des jours courts me galvanise formidablement alors que la totalité des êtres ne demande qu'à vivre en saison chaude. Moi c'est l'inverse : je ne demande qu'à être auréolé, ceint et serti des ciels ténébreux, grisâtres et obscurs dont nous abreuvent les saisons à dominante nocturne. Je m'y sens rassuré, protégé, sous la coupole du plafond céleste merveilleusement ennuagé.

Je m'enivrais de mes délires cosmogoniques, me consumais d'une nervosité tant d'angoisse que d'exaltation en laissant mon âme imprégner mon corps de ses élans incommensurables et délirants. Mes visions s'avéraient autant exaltantes qu'anxiogènes. Toute ma vie je ressentirais ce dilemme insoluble, ce duel sans vainqueur que représentent les impressions émotionnelles qui imprègnent le plus fréquemment mon être. Jouissances meurtrissantes ou meurtrissures jouissives ? Le clair-obscur le dispute au tragi-comique, entrelacé du doux-amer. Combien de soirs sans sommeil ai-je ainsi passés à contempler la lune et le jardin de mes grands-parents mordoré par son irisement nocturne ? Le sapin jouxtant le vieux mur de briques s'en trouvait tamisé de la luminosité pâle et jaunâtre qu'irradie l'astre de nuit. J'aurais voulu éternellement demeurer sous ce climat unique de douceur vespérale et de magnificence lunaire, pour ne plus jamais revenir au réel.

Adolescent, j'étais ivre de mes fascinations et de mon extrême perméabilité existentielle. La capacité hors du commun à percevoir au plus profond de soi les ambiances, les teneurs, les atmosphères, les climats. Être bouleversé par ce qui laisse les autres indifférents : voilà mon drame jouissif, ma jouissance dramatique et en même temps le seul moyen pour moi de me sentir exister. Au sortir de l'adolescence, mes fascinations me portèrent vers des mondes et des entités qui m'obsèdent désormais moins intensément sans doute, ayant bien dû m'amarrer tant bien que mal à ce réel que j'avais tant redouté, ayant bien dû redescendre sur terre, ayant bien dû m'arrimer la tête sur les épaules après l'avoir tellement eue dans les nuages... Je contemplais, des heures durant, les ciels automnaux qui surplombaient de leur immensité froide et venteuse les terres austères où j'ai grandi. Les vortex s'y enroulaient en dépressions multiples où s'égrainaient d'infinies variations de gris. J'étais transcendé de fascination insatiable et jamais ne me suis senti aussi vivant et frémissant qu'aux minutes orgasmiques de telles contemplations.

À l'âge de vingt ans, j'étais habité mentalement par l'idée de l'Éther. C'est une entité floue issue de temps mythologiques et donc immémoriaux. L'Éther représente la frange céleste située au-dessus de l'atmosphère terrestre, là où les derniers soupçons d'oxygènes se dissolvent dans le vide de l'espace. C'est une zone-tampon, une zone-limite, un seuil, une frontière, c'est en cela entre autre qu'il me fascine. J'aime l'idée de la frontière, du passage d'un monde à l'autre, à la façon du littoral qui délimite, fait se rencontrer et se mourir l'un dans l'autre le monde terrestre et le monde océan. L'Éther est une bande neutre et indéterminée où tout s'avère possible de par cette indétermination justement. Sans doute m'y reconnaissais-je identitairement. J'en étais ivre de fascination, visionnant dans ma tête les champs nuageux qui le parsemaient, les couleurs froides et pures dont il était teint, les bleus et les blancs immaculés, l'absolu galactique qui en toile de fond le surplombait…

À rebours de cette élévation éthérée qui aspirait mon âme toute entière, je retombais parfois, radical et vertigineux engouffrement, vers le tréfonds des mers, là où s'étend le monde des abysses. L'obsession du sol de l'océan démantelait mon âme, me frappait sur le crâne, m'interpellait à mort. Je voulais absolument descendre jusqu'au fond pour savoir. Je voulais ouvrir les océans, soulever les flots immenses pour apporter la lumière du soleil aux sols noirs des abysses, assécher le plancher marin pour le fouler dans une extase au-delà de l'orgasmique. Tel Abraham ouvrant les eaux de la Mer rouge, je me rêvais fendre les ondes marines colossales dans une allégresse ultime qui eût été pour moi la connaissance absolue et donc la mort.

Je passai de longues heures de l'adolescence et des années qui suivirent, dans des tours à vélos et des tours à pieds interminables au cours desquels je m'enivrais de vent, de fraîcheur, d'infinité de l'horizon. Je m'arrêtais souvent aux cimetières des villages de mon pays : déambuler entre leurs sépulcres, fouler leurs terres imprégnées du poids du temps me rassérénait prodigieusement, me faisait me sentir vivant. Pourvu que le vent fût frais et le ciel ennuagé, je frémissais d'un bonheur ténébreux, avant de devoir en repartir. Ayant fui pour quelques heures le domicile parental honni, je rejoignais ces maudites pénates, physiquement revigoré, mais existentiellement anéanti. J'avais une telle perception de l'immensité du temps et de l'espace, d'être perdu dans ce vide immense, de n'être qu'une poussière dans l'univers. La conscience aussi de l'éphémère de tout et de l'importance de rien. Ces moments de rien, de néant absolu, ont généré chez moi les plus épouvantables impressions psycho-existentielles qu'un être humain puisse éprouver. Éprouver au sens ressentir, éprouver au sens endurer. Le sentiment de n'être rien, d'errer sans but, que ma vie n'a aucun sens. Je ne souhaite pas à mon pire ennemi d'être imprégné par une telle teneur psychologique.

Le plus atroce, dans ces moments-là, reste surtout le sentiment de démotivation absolue. L'incapacité totale à éprouver la moindre forme d'engouement ou d'enthousiasme pour quoi que ce soit. On pourrait appeler ça l'ennui existentiel. Un ennui qui ne se définirait pas par le fait de ne pas savoir comment occuper son temps, mais un ennui beaucoup plus fondamental que cela. J'ai bien des choses à faire, j'ai tel livre à lire, telle émission à regarder, telle tâche à accomplir, mais rien ne peut s'avérer en mesure de susciter chez moi une motivation quelconque. Ces impressions de néant m'ont longtemps habité à des moments précis du jour ou de l'année. La fin de l'après-midi surtout, les dernières lueurs du soleil, quand tout est sur le point de s'effondrer. Et quel soulagement ensuite, une fois le soleil couché ! Le mois de juin également, à ces heures de l'année où les jours sont les plus longs, où le soleil n'en finit pas de luire, ce que tout le monde apprécie bien sûr, mais que pour ma part j'exécrais et ressentais atrocement, dans une angoisse existentielle terrible. Dans ces moments-là, j'erre dans un état mental prostré, blindé, résigné, dans une gravité radicale sans rémission. Seuls le fait de marcher dans le vent frais ainsi que l'attente du temps qui passe, parvenaient à évacuer progressivement ce poison mental dont j'étais intoxiqué.

Un poison mental générateur de folie, capable de faire basculer l'être vers l'autre bord, celui de l'inconscience. Une impression psychologique de dérive vers l'inconnu et ce qui règne hors des critères de la vie réelle. Comme un radeau qui s'éloigne irrépressiblement du port et n'a plus d'attache à ce dernier, toutes les amarres ayant été larguées. Je ne sais plus, où, quoi, qui, comment, mon âme penche irrémédiablement vers la démence, vers une perte de repères, la perte des repères socioculturels et spatio-temporels. Jusqu'à présent, j'ai toujours su m'en tenir à la ligne rouge et demeurer dans le champ d'une relative « normalité ». Ces propensions à la folie demeurèrent des propensions justement, je n'ai pas encore franchi la frontière.

Le pire du pire, je crois, réside justement dans ces minutes ou ces heures de frôlement de la folie. J'ai la particularité de souffrir énormément moralement lorsque la vie m'amène à souffrir physiquement. Cela peut sembler évident à dire mais, dans mon cas personnel, c'est à un point innommable. Ces moments de souffrance physique – états grippaux et surtout lendemains de cuite – m'entraînent vers des seuils mentaux inqualifiables et dévastateurs où je m'animalise. Je ne suis dès lors plus un être humain doué de conscience mais retombe à l'état sauvage, primaire, décérébré. Bouffé intérieurement par un mal incommensurable, je ne parviens plus à intellectualiser quoi que ce soit. Broyé par les impressions alors paroxystiques de ce que je ressasse depuis des années : ma vie n'a aucun sens, encore une soirée pour rien, tout ça pour quoi, j'entame ma déchéance finale, je n'en ai plus pour longtemps. C'est dans ces moments précis que ma maladie, me ravageant de fond en comble, me rappelle à l'ordre d'une certaine façon. Me rappelle à quel point je suis en incompatibilité avec le réel, à quel point il me serait insurmontable, lors de ces heures de souffrance morale démultipliée par la souffrance physique, d'assumer la concentration intellectuelle que requiert un travail « normal » et la communication avec mes congénères.

Jusqu'à l'âge de vingt-trois environ, je ne parvenais pas à me connecter mentalement au réel, à des considérations de l'ordre du réel. Me concentrer psychiquement sur le quotidien, les papiers, l'argent et « être dedans » socialement surtout. Même en étant en présence des autres, dans des contextes dits de sociabilité, de convivialité, je devais faire un effort considérable pour y adhérer, soutenir cette ambiance, m'y sentir pleinement impliqué. Dans ma tête, j'étais ailleurs. C'est une impression dont je souffre encore aujourd'hui, bien qu'elle se soit atténuée avec le temps et qu'elle sévisse variablement selon les contextes, c'est toujours au cas par cas. C'est une des solitudes les pires qui puisse être je crois : être seul dans sa tête malgré la présence d'autrui. Alors je fais bien des efforts pour sortir quelques phrases, pour dire d'être dans le jeu, pour ne pas donner l'impression à l'autre que je suis ailleurs, ce qu'il pourrait ressentir comme de l'arrogance ou de l'indifférence, alors qu'il s'agit de bien autre chose. Comment pourrais-je lui exprimer le fait qu'il s'agisse d'un problème d'incompatibilité avec le réel ? De difficulté de connexion au ici et maintenant ? C'est réellement un effort mental que je dois fournir pour « être dedans » socialement, ce qui ne m'est a priori pas naturel du tout, pas automatique, encore moins inné. Une fois l'autre ou les autres repartis, me retrouvant une fois de plus dans cette solitude que je connais par cœur, je ressens une impression à la fois de grand soulagement, ne plus avoir à endurer le jeu social, à devoir faire l'effort insoutenable de faire semblant d'y être inséré, et en même temps un malaise terrible quant à mes incapacités une fois de plus ravivées.

Mes rapports sociaux s'avèrent en outre extrêmement aléatoires selon la nature de mon interlocuteur. Il y a des gens qui ont la capacité à se sentir parfaitement à l'aise en toutes circonstances, à demeurer égaux à eux-mêmes en compagnie de n'importe qui. Pour ma part, cela s'avère hautement variable. Je ressens empathiquement très fortement la teneur psychologique de quelqu'un et ce ressenti conditionne lourdement ma capacité ou non à parvenir à échanger avec lui. Il existe bien quelques personnes avec lesquelles je peux me sentir formidablement à l'aise, mais elles ne sont pas légion, il est une quantité de types psychologiques ou comportementaux avec lesquels je me sens très mal. Je ne supporte pas les gens trop extravertis, suintant trop l'optimisme, trop connectés au réel, sans relativisation. Les gens trop conditionnés par ailleurs sur le plan moral, conventionnels, avec des principes, émanant aussi la réussite personnelle et sociale. Cela me rassure sans doute de percevoir chez quelqu'un une fêlure, une faiblesse, afin de me sentir moins inférieur, moins seul avec les miennes. Afin de ne pas – ou moins – éprouver ce sentiment terrible de ne pas être à la hauteur. Les gens bourrés de certitudes, catégoriques dans leurs opinions, sans autodérision ni recul sur eux-mêmes me laissent abattu également. Je me suis toujours senti beaucoup mieux avec des gens natures, tels quels, simples, même rustres, qu'avec des gens snobinards, sophistiqués, socialement stéréotypés.

Il y a une dimension socio-économique là-dedans aussi : je me suis toujours senti davantage dans mon élément dans des milieux modestes que bourgeois. Cela vient probablement du microcosme familial dont je suis issu, très précaire matériellement, qui m'a sans doute laissé un certain complexe vis-à-vis des milieux plus élevés socialement. Un complexe qui m'avilissait déjà enfant, à l'école, où je ressentais pleinement cette conscience embarrassante de faire partie des milieux sociaux les plus bas de la classe. Sentant à mes côtés les fils de bourges avec leurs fringues de marques et la narration de leurs soirées au cinéma, au restaurant, de leurs vacances avec chambres d'hôtel et billets d'avion, privilèges complètement étrangers à mon milieu. Je sais bien que la valeur quintessencielle d'un être ne se mesure pas à son niveau social mais, à cet âge-là, on n'a pas encore le recul vis-à-vis de tout cela et je ne puis m'empêcher, en outre et encore aujourd'hui, de me sentir mal dans les contextes conventionnels ou bourgeois que l'existence m'amène parfois à côtoyer inévitablement.

Ce complexe m'a en réalité surtout été insufflé par la précarité plus humaine que matérielle, finalement, du milieu où j'ai grandi.

La précarité matérielle eût pu y être compensée par une éventuelle abondance affective, chaleureuse, mais non. C'était un milieu froid, dur, très austère humainement, où j'étais un enfant tout à fait livré à lui-même en fin de compte, très négligé affectivement et psychologiquement par ses parents. Je passais ainsi mon temps à faire des dessins, à bricoler avec un bout de carton, du scotch et de la ficelle, à me fabriquer tout seul un univers personnel intériorisé, auquel mes parents n'accordait aucune attention, trop embourbés qu'ils étaient dans leurs difficultés personnelles névrotiques.

C'étaient des gens qui géraient maladroitement leur situation matérielle, c'est de là aussi et surtout que me vient cette impression de honte et de malaise quant au bas niveau social dont je suis issu. On peut être pauvre mais savoir assumer. Mon père était un homme financièrement désinvolte, incapable de gérer les questions de papiers et d'argent. C'était ma mère qui devait prendre en charge tout cela et rattraper les inaptitudes et maladresses de son mari en la matière. Je les voyais vivoter dans leur marasme matériel, essayant de se débrouiller tant bien que mal dans la vie, s'accommodant de semblants de baraques et de bagnoles, toujours de moindre qualité, toujours sources de déboires. Ma mère m'a beaucoup transmis son anxiété liée aux questions matérielles de l'existence. La peur de ne pas savoir finir le mois, la hantise d'être « à découvert », la crainte que son mari ne dépense tout n'importe comment. C'est moi qui servais de réceptacle à ses angoisses, ne pouvant guère en faire part à son mari ou lui faire comprendre les choses simplement. Ç'eût été comme demander à un enfant gâté de gérer un compte en banque limité. Ou tenter de discuter de sexualité avec un moine. Ma mère a plusieurs fois dû, suite à son incapacité à joindre les deux bouts, se résoudre à quémander de l'argent à l'une ou l'autre des deux grand-mères, le faisant à chaque fois emplie de honte et d'embarras. Mon malaise vis-à-vis du réel vient aussi en grande part de ces angoisses maternelles qui m'ont été insufflées précocement, à un âge où, en principe, on n'est pas encore concerné par ces responsabilités d'adulte.

Me sentant mal à l'aise avec tout un tas de types psycho-comportementaux, je suis donc abonné à devoir choisir socialement entre ma solitude et les quelques rares individus rencontrés avec lesquels je ne me sens pas trop mal. Cela rend l'existence laborieuse, malaisée, y engendre une accumulation de rencontres sans lendemains, de déceptions relationnelles où l'autre n'est le plus souvent pas en cause d'ailleurs, ma subjectivité phobique étant la principale responsable. Une accumulation d'enthousiasmes de début de soirée quant à l'idée de telle ou telle rencontre dont on espère à chaque fois un épanouissement amical, voire plus, se soldant par des amertumes de fin de soirée, une fois la rencontre et le malaise ayant eu lieu et le « tout ça pour quoi finalement » avec lequel on tente de s'endormir ensuite, en se disant que demain sera un autre jour.

Une existence d'une irrégularité émotionnelle épuisante, en dents de scie, mais sans doute m'est-il impossible d'exister autrement, eu égard à ma maladie incurable, colonne vertébrale de cet ouvrage. Ce qui est définitivement insupportable, c'est l'impression de se sentir mal dans quelque contexte que ce soit, de toujours en arriver à une conclusion négative. Un problème d'insatisfaction perpétuelle : c'est là sans doute ce qui est le plus difficile voire utopique à régler dans mon cas. Ayant fait le tour de ma solitude, je tente de connaître un épanouissement relationnel. Me sentant mal avec l'autre ou les autres, me voilà avide de retourner vers cette solitude que j'avais tant cherché à fuir. Il n'y a rien à y comprendre, je tournoierai le reste de ma vie emprisonné dans ce cercle vicieux par définition inextricable.

Encore aujourd'hui, et cela demeurera jusqu'à ma mort, je ressens instinctivement ce malaise indescriptible, extrêmement difficile à dénommer, à qualifier, lorsque j'entends parler de politique, d'économie, du quotidien, des transports, j'en passe et des pires, de tout ce qui fait le réel en somme, dans sa dimension la plus horriblement non-émotionnelle, non-artistique, vide, neutre, normale. Sans parler des instances administratives ou bureaucratiques qui me désarment à en chialer. La seule évocation de la CAF, de la Sécu, de Pôle Emploi, des Assedic, me rend malade. Je suis obligé de fournir un effort de concentration surhumain pour parvenir à gérer ces choses-là. Aucune possibilité d'exutoire des choses de ce réel vers une forme de sublimation, de théâtralisation, d'élaboration. Je ne rêve que de démesure et de folie. De la même façon, je ne suis jamais temporellement en phase avec le monde dans lequel je vis. Je n'ai jamais compris ce principe de devoir se tenir informé de l'actualité, vivre avec son temps, connaître la mode, ce qui est « tendance » etc. Je suis toujours le dernier au courant de ce qui se passe, tout me passe au-dessus de la tête.

C'est cela mon drame en somme : avoir besoin de dépasser le réel à cause du sentiment d'impossibilité à m'y intégrer ou à m'en satisfaire. Je ressens donc le réel comme une prison au sein de laquelle je suis bien obligé de me débattre pour ne pas crever, mais d'où cela me vient-il ? De paramètres psychanalytiques sans doute, obscurissimes en tous cas. Ce besoin d'élaborer le réel, à défaut de parvenir à s'en accommoder tel quel, aura été l'incitation et la fulgurance créatrices de maints artistes. Je pense à Van Gogh dont la peinture fauve, paroxysme de l'impressionnisme, quintessence de l'ultime période de sa vie où il peignit des paysages patrimoniaux, célestes et agricoles, macula ces derniers d'une fougue du tracé et des chromes, extirpa de ces « réels » – il ne s'agissait pas là d'abstrait – une exaltation émotionnelle et esthétique extraordinaire. Tout ce dont je rêve. Toute la problématique de cet ouvrage se trouve sans doute le plus parfaitement et le plus archétypalement résumée au travers de ce paragraphe. La volonté intense que j'ai de faire comprendre cette dernière au monde qui m'entoure, à tous ceux qui n'en ont jamais rien compris, m'émeut et me procure le sentiment d'intensité de vie qui est celui des êtres en sursis.

Mais l'idée du bonheur m'est insupportable. L'image de la normalité, le spectacle du conformisme m'horrifient et me dégoûtent. Je ne peux pas jouer ce jeu-là, je ne peux pas être intégré au troupeau. Me sentant plus exister en étant comme personne qu'en étant comme tout le monde, le statut de brebis à la fois galeuse et égarée me siéra à merveille ! Je ne rejoindrai pas le troupeau. Quelle ne fut pas ma déception à ma première vision du film *À l'est d'Eden* d'Elia Kazan lorsque le personnage joué par

James Dean, alors qu'il décide de quitter définitivement le giron familial pour fuir vers l'Est, rentre finalement au bercail s'agenouiller au chevet de son père foudroyé par une attaque cérébrale. Je garde en mémoire l'immense sentiment de déception dont j'en fus marqué. Pour me consoler, je décidai de regarder *Carrie* avec évidemment, en point de mire, la scène du bal où ses pouvoirs télékynésiques détruisent tout autour d'elle. Quel soulagement !

De la même façon, je ne tire de jouissance que dans la destruction des situations de bonheur ou de satisfaction. Pour moi-même et pour les autres. Cela relève à la fois du masochisme et du sadisme. Je n'aime un engrenage que lorsqu'un grain de sable vient l'enrayer. Je n'aime un ciel bleu que lorsque les nuages viennent l'obscurcir. Je n'aime les situations collectives ou sociales que lorsque des joutes verbales, des complexifications, des difficultés de toutes sortes viennent les polluer. Quand il m'arrive de regarder à la télévision les Questions au Gouvernement, éventualité autrefois impensable, je n'aime que les moments où ça « chie » entre les députés, lorsque l'Assemblée Nationale devient une arène survoltée ! Ces situations collectives dégradées extirpent automatiquement de mon visage froid un sourire immédiat. J'assiste bien au spectacle des autres qui sont déçus, affolés, attristés, alors que moi je souris béatement et sadiquement devant la constatation des dégâts. À cet égard, le champ lexical de la destruction, de l'effondrement, de la déchéance, de l'apocalypse m'a toujours irrépressiblement fasciné. La chute de certaines civilisations en particulier. Je pense évidemment aux mythes de l'Atlantide et de l'Empire de Mu, mais aussi au démantèlement progressif de l'Empire romain ainsi qu'à la chute rapide de civilisations précolombiennes telles que les Empires aztèque et inca, ravagés par les conquistadors espagnols en quelques semaines. Ce qui me fascine et m'interpelle encore plus précisément, ce sont les derniers instants avant la fin, les derniers soubresauts d'un monde sur le point de s'écrouler. Je pense à la situation de la France en 1788, juste avant la Révolution, celle de la Chine juste avant 1912, de la Russie enfin, juste avant 1917. Pouvaient-elles percevoir à ce moment précis les multiples fissures qui feraient s'écrouler subitement tout l'édifice ? Avaient-elles alors conscience qu'elles vivaient leur fin ? Des royaumes et des empires agonisants. Des sociétés féodales aux confins de leurs existences séculaires.

On pourrait tout aussi bien concevoir et transférer ce concept à une échelle beaucoup plus intime et individuelle, l'archétype de fond demeurant tout à fait similaire finalement. Eu égard à un être en fin de vie, fût-ce par la maladie ou par l'essoufflement moral qui l'acculera au suicide. Je sais pour ma part que mon existence est en grande partie gouvernée, orchestrée, conditionnée par la conscience aiguë que j'ai du fait qu'un jour je vais mourir. C'est en fonction de la certitude de cette échéance que je me trace ma ligne. Si l'on m'apprenait aujourd'hui que je suis immortel, toute ma façon de vivre en serait bouleversée. Il s'agirait là d'un nouvel élément d'information qui me démantèlerait de fond en comble et ne m'apparaîtrait nullement positif. « Ce qui est merveilleux dans l'existence, c'est de savoir qu'un jour on va mourir » avait affirmé Lucien Morisse, directeur de radio dans les années 60, premier homme important de la vie de Dalida, qui finira en se tirant une balle dans la tête à l'âge de quarante-deux ans. Là où l'immortalité m'apparaissait autrefois comme étant l'idéal absolu, j'en prends désormais le contre-pied : la mort étant la seule certitude de la vie, elle confère à cette dernière une valeur, un relief et une intensité qui ne pourraient jaillir au sein du cadre insipide et indéterminé de l'immortalité. Laquelle banaliserait ce qui ne s'avèrerait donc plus une « vie », mais un néant.

L'idée du bonheur m'est non seulement insupportable mais, en outre, génère en moi un malaise et une détresse terribles, le sentiment de ne pas exister, d'être aliéné. L'impression d'un immobilisme existentiel, d'un vide terrifiant. Il me faut, pour me sentir exister, être en perpétuel mouvement, en découverte ininterrompue, dans le tourbillon et le labeur d'une quête, quand bien même celle-ci s'avèrerait sans issue. Et justement parce qu'elle s'avère sans issue ! Je ne puis me poser dans la vie en me disant tout simplement : voilà, j'y suis arrivé, tout va bien, je suis content, et en baillant aux corneilles stupidement, dans une autosatisfaction à mes yeux affligeante. Je ne puis parvenir à un tel état d'esprit, à une telle façon de percevoir l'existence et de m'y poser. C'est une quête à poursuivre, le combat à mener, la perspective d'un avenir, encore des choses à découvrir, un chemin à parcourir qui constituent mon carburant existentiel. Mais le sentiment d'y être arrivé, que tout est fait et dit, non.

Je ne saurai avec exactitude établir l'origine précise de ce moteur particulier en moi, le dégoût sans doute vis-à-vis du conformisme dont je fus spectateur à mes jeunes années. Le sentiment aussi que, puisque je n'arriverais jamais à rien atteindre, la seule façon pour moi de me sentir exister, au cas où je décidais de ne pas me suicider, résidait dans l'intensité de la quête plus que dans son très improbable assouvissement. L'ardeur qu'on met à quérir l'inatteignable.

C'est un moteur que j'ai retrouvé en la personnalité de François Mitterrand. Une fois parvenu au sommet de l'État, une fois aboutie la quête de sa vie, il a dû se fabriquer intérieurement un autre combat à mener, afin de continuer à éprouver cette adrénaline-là qui avait représenté le moteur de toute sa vie. Aussi paradoxal que cela puisse paraître, sa victoire de 1981 a pu susciter chez lui, inconsciemment et en dépit de l'exaltation d'y être arrivé, l'amertume aussi de la fin du combat. Une fois parvenu à la plus haute marche, on sait qu'il n'y en a plus d'autre à conquérir, un charme s'en trouve rompu. Six mois plus tard lui était diagnostiqué un cancer, ce ne fut pas un hasard. Lui l'homme au *mens sana in corpore sano*, qui développe une maladie au lendemain de son triomphe présidentiel, une maladie qui lui aurait redonné des forces, aux dires des quelques intimes tenus au courant à l'époque, s'était ainsi trouvé un autre combat à mener, un autre prétexte à l'opiniâtreté, carburant existentiel vital à ses yeux.

Mes goûts en matière de cinéma et de musique m'ont ainsi porté vers des œuvres suintant le tragique, le mélancolique, le brumeux, l'incertain. La légèreté et la convivialité m'insupportent. C'est là encore un véritable moteur existentiel : je me nourris d'amertume, de dépression et d'échecs moraux, c'est là mon carburant. Un carburant essentiel et qui me procure l'impression d'exister. J'en paie pourtant un très lourd prix moral, mais pourquoi diable ne parvins-je à me sentir exister que de cette façon-là ? Pourquoi ne parvins-je pas à me nourrir d'un autre carburant, un carburant plus « normal », plus classique, semblable à celui qui anime la plupart des gens ? Je me torture l'esprit depuis des années avec ces questions.

Il est des tempéraments qui ne vivent que d'insatisfaction, de récrimination, de conflictualité. Qui ne carburent existentiellement qu'à cela. Qui ne parviennent à se sentir exister par la légèreté, la satisfaction et la tranquillité. Aussi paradoxal que cela puisse paraître, ils n'en sont nullement malheureux, c'est simplement leur façon d'exister, le carburant qui alimente leur moteur existentiel, aussi névrotique soit-il et surtout incompréhensible aux yeux de leur entourage. L'incompatibilité avec le réel s'inscrit totalement dans cette veine-là.

Même quand je m'évertue à être heureux, à me sentir bien dans la vie, même quand je tente de me convaincre que j'y ai droit et qu'il y a éventuellement du bon là-dedans, je n'y arrive tout simplement pas. Ou par très furtivement, guère plus, lors de sporadiques fulgurances. C'est, dans tous les cas, un sentiment qui m'est, à la base, tout à fait étranger : je dois m'en persuader, c'est une langue que je dois apprendre à parler, on ne me l'a pas apprise. La faculté d'innéité du bonheur, en tant que sentiment éprouvé, ne m'a pas été insufflée. J'apprécie bien sur, comme tout un chacun, les petits bonheurs du quotidien, les petites satisfactions, aussi atrocement futiles soient-elles, éprouvées ici et là : manger, dormir, être tout propre au sortir de la douche, mais tout cela ne m'est appréciable que dans une teneur existentielle globale de renoncement. Je ne me sens heureux que dans le renoncement. Sans doute parce que je sais qu'ainsi, je n'ai plus rien à perdre. Ni surtout à espérer...

Combien de fois me suis-je levé l'hiver venu, adolescent, de très bonne heure, pour aller me promener à travers les collines blanches du pays où j'ai grandi. Je foulais la neige encore fraîche et immaculée entre quatre et six heures du matin, marquant lentement et fortement mes pas au travers des chemins sinueux et poudrés. Mes parents n'en savaient strictement rien, ils sommeillaient encore à mon retour, avant le lever du soleil. Je garde un souvenir extraordinaire de ces visions de stagnation hivernale, d'une sérénité et d'une pureté que je n'ai plus jamais retrouvées depuis. Tout était endormi, vide et silencieux. Le vent n'existait plus, l'apaisement était total. Ma complaisance dans l'impression de renoncement y trouvait là sa jouissance paroxystique. Je crois pouvoir dire, au bout de trente ans, que c'est là que j'ai trouvé mon bonheur, trônant sur un désert de nuit enneigée, dénué de toute âme qui vive.

Une autre idée de bonheur pour moi eut été de m'installer dans un petit village niché au creux des collines, d'y avoir ma jolie petite maison, de m'y phagocyter un petit quotidien tout simple en compagnie des livres, d'un chat et d'un feu de bois. Les villages du Boulonnais, ceux adjacents à la région des Caps en particulier, me touchaient aux larmes, me faisaient rêver. J'aurais voulu me vautrer dans un automne définitif, marcher encore et toujours au long des falaises blanches meurtries de froid et de pluie comme le sont les paysages de lande irlandaise, de tourbe britannique. Je conçus psychologiquement un tel idéal de vie jusqu'à mes vingt-huit ans, guère plus, avant d'être rattrapé par l'accablement d'une solitude qui ne m'apparaissait auparavant que positive, mais qui ensuite me détruisit. Ainsi me suis-je toujours totalement identifié à des atmosphères monacales, ascètes et implacables d'austérité. La fuite du réel, on y revient. Il est une évidence pour moi que d'évoquer *Le Nom de la Rose* de Jean-Jacques Annaud dont les vingt premières minutes en particulier, au climat unique, m'inspirent et me fascinent prodigieusement. Combien de fois ai-je envisagé de me retirer en monastère, afin d'éviter d'avoir à affronter la vraie vie ! L'ardeur de la foi m'ayant toujours fait défaut, je ne puis sincèrement me vouer à un mode de vie sacerdotal au sein duquel la prière occupe plusieurs heures par jour.

L'idée d'être mis en prison a longtemps été un fantasme également : être pris en charge, se voir défait de toute responsabilité, ne pas avoir à affronter cette « vraie vie ». Encore eût-il fallu pour cela que j'eusse l'audace d'un acte illégal justifiant mon emprisonnement. Tuer quelqu'un ? Braquer une banque ? La raison finit par l'emporter et la légalité triompher : mon incarcération n'a pas encore eu lieu. J'échafaudais en mon âme n'importe quelle option existentielle en mesure de m'apporter un modus vivendi me permettant d'échapper au réel et à l'intégration sociale surtout. Être gardien de phare, par exemple. Trôner dans une solitude absolue au sommet de ces tours littorales, guides des marins en perdition, battues tantôt par les flots calmes d'un océan tranquille, tantôt par les colères océanes d'une mer déchaînée.

Mes deux moteurs s'affrontent en apparence, mais coïncident en vérité : le besoin d'une quête à poursuivre et la complaisance dans le renoncement. Deux attitudes vis-à-vis de l'existence à priori totalement contradictoires, mais se superposant finalement dans une logique de l'illogique, qui cohabitent en moi dans un duel complémentaire bien qu'avec lequel il soit extrêmement laborieux de jongler au quotidien. Ainsi, je ne puis supporter la notion de satisfaction : les gens contents d'eux-mêmes, qui suintent l'autosatisfaction, me révulsent. L'envie me prend à chaque fois de les égorger lorsque le spectacle de leur béatitude s'expose à mes yeux affligés. Ce sont les gens contents d'être contents qui me dégoûtent. Leur contentement tellement au ras des pâquerettes quant à leur petite existence dont ils se satisfont sans voir plus loin que cela, sans capter l'immensité existentielle ainsi que je la capte. N'évoquons pas le bonheur familial, celui-là consternant. Toutefois, la satisfaction m'étant le plus difficilement acceptable est celle qu'on éprouve à son propre endroit. L'autosatisfaction, le fait de se reposer sur ses lauriers, la complaisance narcissique. Même si j'en viens à penser aujourd'hui qu'un peu de confiance en soi, d'estime de soi, s'avère un minimum nécessaire à l'être. L'Ego a des demandes qu'il convient un tant soit peu de « satisfaire » (sic). J'ai longtemps fait l'apologie de l'abnégation, que j'entrevoyais comme étant la vertu absolue, le seul vecteur permettant d'atteindre un idéal existentiel. Le spectacle des égocentrismes de mon premier entourage m'y encouragea sans doute. Là aussi, j'ai revu ma copie : l'idéal de vie est d'être soi-même. Pleinement, vraiment, librement, franchement. La vérité réside dans le subjectif et non dans l'objectif, ce dernier n'existe pas. Vérité et objectivité sont deux termes parfaitement antinomiques, aucunement synonymes. J'ai fait autrefois et longtemps l'apologie de l'abnégation, je fais désormais celle de l'égocentrisme.

***

Mon père m'a volé mon enfance après que je lui ai volé la sienne. Il ne faisait, en quelque sorte et finalement, que me rendre la monnaie de ma pièce. Atteint d'un syndrome qu'on pourrait apparenter à celui de Peter Pan, habité par la nostalgie inconsciente du paradis perdu de son enfance, il a très mal assumé psychologiquement le passage à l'âge adulte et j'ai servi de fusible. Ses ondes néfastes m'ont grillé pour toujours. Il m'a voué une jalousie puérile, une rancœur immature et primaire pour avoir le simple droit d'être un enfant alors que lui venait d'en perdre le privilège. Je lui ai volé son enfance, ce à quoi il répondit, en retour, par le vol de la mienne. Il m'a fait payer en orchestrant savamment l'impossibilité pour moi de bénéficier des avantages inhérents au jeune âge : l'insouciance, la déresponsabilité, le développement personnel. Il décida délibérément de me couper l'herbe sous le pied, d'avorter chez moi toute possibilité d'enfance.

L'insouciance, je ne pus en jouir, survivant quotidiennement dans la peur de cet homme, de ses menaces, de ses accès de violence verbale surtout. Je le percevais davantage comme une bête que comme un être humain. Une bête enragée, faut-il le préciser, crachant sa haine et sa rancœur, déversant ses tombereaux de mal-être et d'aigreur sur le bouc émissaire idéal que j'incarnais à ses yeux. La hantise de ses représailles, de ses colères et de ses insultes, demeure encore aujourd'hui pour moi une entrave inaliénable dans mes rapports aux autres, bloqués par la peur. J'ai passé mes plus jeunes années habité par une fantasmagorie cauchemardesque où les monstres le disputaient aux extraterrestres, où des hantises telles que l'infinité de l'univers, l'extinction du soleil, le bûcher, la guillotine, la noyade, agitaient mon âme éperdue d'angoisse.

La déresponsabilité, je n'y eus pas droit, étant astreint dès le plus jeune âge aux soucis du monde adulte concernant les questions de travail et d'argent. Mon père me menaçait sans cesse quant au fait de connaître un jour ce que lui connaissait à ce moment-là : devoir bosser, obéir à un patron, trimer, « en chier ». « Moi j'ai dû en chier, alors toi aussi tu devras en chier » m'assénait-il régulièrement de son ton implacable et sentencieux, la rage suintant de ses grosses moustaches. Il s'évertuait à sans cesse exacerber le différentiel hiérarchique qui creusait le fossé nous séparant lui et moi. Considérant que c'est le travail et l'expérience de la vie qui légitiment l'existence d'un être, mon statut de « sale gosse qui sait à peine pisser tout seul », selon la formule qu'il m'assénait à répétition, ne pouvait que m'ôter toute forme de légitimité en tant qu'être humain. Il n'avait donc pour moi aucune forme de considération, n'étant qu'un « sale gosse sachant à peine pisser tout seul », sous-entendu, bien sûr, étant à peine sorti du berceau, n'ayant pas encore fait ses preuves dans la vie et ne méritant donc aucune considération. Il n'admettait fondamentalement pas que lui doive « en chier » alors que moi je puisse bénéficier d'une insouciance à priori pléonastique au vu de mon jeune âge. Ce pléonasme ne me fut pas octroyé.

Le développement personnel enfin, la construction de soi, l'affirmation identitaire, le droit d'exister : j'en fus décapité. Mon père a exercé sur mon illégitime personne ce que les Nazis décidèrent en 1942 concernant le peuple juif : la solution finale. Il a purement et simplement orchestré sur moi un déni de personnalité, un désaveu d'identité. C'est quelque chose d'extrêmement grave et qui fout en l'air une vie. Je n'en ai véritablement pris conscience avec effroi qu'à l'âge de vingt-sept ou vingt-huit ans. Ayant lui-même été un enfant gâté puis un jeune homme insouciant et immature, il aura reporté, exorcisé sa pourriture névrotique, au début de l'âge adulte, ce complexe personnel qui le taraudait intérieurement, à la fois dans des travaux immobiliers gigantesques lui permettant, très inconsciemment et très stupidement, de se forger une illusoire densité et fierté d'homme adulte, et bien sûr à travers ce sale gosse « qui la ramène déjà alors qu'il sait à peine pisser tout seul », « juste bon à traîner dans ses pattes », « juste bon à le faire chier ».

Il ne supportait absolument pas de me voir exister, de me voir m'affirmer. Je devais me taire, je devais obéir et je devais surtout lui foutre la paix. « Ça sait à peine pisser tout seul et déjà ça la ramène ! » me rabrouait-il lorsque j'osais faire entendre ma voix. Il ressentait chacun de mes gestes comme autant d'entraves à son existence. Ses colères monumentales, disproportionnées au vu de la futilité de leurs motifs, m'ont assommé véritablement. Bien des fois il m'affirma clairement ne m'avoir jamais voulu et combien mon existence relevait à ses yeux d'une contrainte que la vie lui avait malheureusement infligée. J'ai été le fils d'un adolescent attardé, d'un homme immature qui n'a jamais su assumer psychologiquement sa paternité, ne l'entrevoyant que sous un angle rébarbatif, ne l'envisageant que comme un paramètre à son grand dam inévitable dans le cycle de la vie et lui étant tombé dessus malgré lui. Son état d'esprit vis-à-vis de moi était que je pouvais déjà m'estimer heureux d'avoir été fait, d'être nourri et logé et que, par voie de conséquence, il ne fallait guère en demander davantage. Pour le reste, je n'avais donc le droit que de me taire, d'obéir et de lui foutre la paix.

Jusqu'à mes vingt-cinq ans, il ne me témoignerait que mépris et rejet. Me décourageant dans chacune de mes entreprises, me dévalorisant dans chacune de mes actions, me traitant tour à tour de con, de fainéant, d'incompétent, il me vida humainement de ma substance, ou de ce qui a pu initialement en exister. Ce fut un véritable harcèlement moral. La formule n'est malheureusement pas exagérée, mais constatée en toute lucidité, sans colère, sans passion. Nommée ainsi seulement aujourd'hui, d'ailleurs, pas à l'époque, n'ayant pas encore à ce jeune âge le recul intellectuel que permet la distanciation spatio-temporelle, pour mieux objectivement adjuger d'une réalité. De la même façon qu'on se rend davantage compte du fonctionnement d'un cyclone par image satellite, vu de loin, qu'en titubant au milieu du tourbillon, pris dans une déferlante qui nous submerge. À cet égard, plus les années passent, plus je suis dramatiquement estomaqué, effaré de ce que j'ai pu moralement subir de la part de cet homme. Il y aurait vraiment eu de quoi faire intervenir une assistante sociale pour m'enlever de ce milieu glauque et me transférer en famille d'accueil. Cela n'a malheureusement pas pu avoir lieu, mon inconsistance de l'époque, le fardeau de culpabilité sous lequel je ployais, ainsi que l'absence totale de courage et de lucidité du reste de la famille étant à mettre en cause. Ce n'est pas le plus grave.

Le plus grave n'est pas le père – quoiqu'il n'en fût pas un – mais son image. Et le titre de cet ouvrage qui en résulte. C'était un dépressif chronique, subissant sa vie plus qu'il ne l'accomplissait, n'entrevoyant les réalisations habituelles de l'existence – mariage, vie de famille, vie professionnelle – qu'au travers d'un prisme de ressentiment dépressif. L'imprégnation de mon être par une telle « image du père » fut comparable à un empoisonnement existentiel me conduisant à développer une irrésistible propension à la mythomanie. Développer une fantasmagorie personnelle, un monde imaginaire intérieur, trouver refuge dans l'irréel à défaut de parvenir à affronter le réel. Comment y retourner à ce réel, l'apprivoiser et tenter de m'en accommoder après un tel empoisonnement ? Comment parvenir à entrevoir sous un jour positif et accomplissant ce qui ne me fut donné en spectacle que sous l'angle du mal-être et de l'aliénation ? C'est toute la question qui se pose. La cure de désintoxication que j'entrepris à l'âge de vingt-trois ans suit son cours, mais demeure sans rémission. Un noyau dur incompressible échappera éternellement à toute résorption.

L'adaptation au réel dans ses aspects concrets, l'ancrage inévitable dans le monde merveilleux du travail et de la gestion matérielle du quotidien, ne sont pas demeurés hors de ma portée, bien que je les assumasse dans leur strict minimum vital. L'insertion dans les aspects abstraits du réel, elle, relève par contre et encore aujourd'hui d'une totale utopie. Former un couple avec quelqu'un, construire une famille, exister aux yeux de la société, m'intégrer au monde environnant et bénéficier en retour d'une forme ou d'une autre de reconnaissance sociale : néant, zéro pointé, rien. Je ne le peux ni ne le veux. Infirmité et involonté entremêlées que résumerait parfaitement la notion d'allergie. Horreur même à l'idée d'une telle éventualité. De l'incapacité factuelle au rejet idéologique, je tanguai en aboutissant à une conclusion commune, finalement. Mes premiers conditionnements m'auront amené à ces deux voies sans issue.

Le premier de ces deux chemins demeure toutefois le plus influent. Le plus impossible à enrayer surtout. La destruction que mon père entreprit s'agissant de mon être, destruction en termes d'image, de droit à l'existence et à l'affirmation, couronne au-delà de tout autre paramètre mon impossibilité, et d'intégrité, et d'intégration humaine. J'ai dû me forger par moi-même, et y suis parvenu dans une relative mesure aujourd'hui, à trente ans. Même s'il ne s'agit là que d'un semblant de château de sable piteusement bâti à partir d'un tas de cendres enfumées. Le sentiment le plus épouvantable qui m'a toujours avili, annihilé et empêché de véritablement exister dans les domaines de l'amour et de l'amitié, dans la vie sociale d'une façon plus générale, pourrait se traduire par une formule de « non-légitimité » ou d' « auto-illégitimité » que mon père m'a injectée dans les veines. La « solution finale » dont je parlais plus avant. J'ai dans l'idée que je n'y ai pas droit, que je ne le mérite pas, que je n'ai pas la légitimité pour cela. Qu'il s'agisse d'être intégré dans un groupe d'amis, investi dans une relation amoureuse ou sur le devant de la scène sociale, si j'ose dire. J'ai toujours beaucoup de mal à admettre qu'on puisse me considérer comme un être aussi appréciable et acceptable qu'un autre. Qu'on puisse m'envisager comme un ami, un amant ou un collègue potentiels. Je me demande toujours ce que je fous là, j'ai le sentiment de ne pas y avoir ma place, de ne pas en être à la hauteur, non pour cause de critères concrets immédiatement identifiables, mais de par la seule essence de mon être, en l'occurrence « illégitime ». Comme un chat de gouttière qui aurait le sentiment de ne pas avoir sa place au sein d'une meute de chats de race. Car cette sous-évaluation de mon être a bien sûr toujours été de pair avec une surévaluation de l'autre. Que son point de vue, ses critères, son essence-même à lui ont davantage de légitimité que les miens. Ne pas être au même niveau, ressentir cette impression – dont je ne comprends qu'aujourd'hui la subjectivité – que l'autre mérite naturellement ce que moi je ne mérite naturellement pas. Même quand les circonstances de ma vie actuelle m'amènent à débuter un petit quelque chose amical ou amoureux, je ressens à chaque fois au fond de moi cette étouffante impression de ne pas être dedans, que non, que je ne devrais pas, que je n'ai pas droit à ça, que ça ne me correspond pas. J'ai dans l'idée très précisément que l'autre s'apercevra bien, tôt ou tard, que je ne suis en fin de compte qu'un rat d'égout et que, en tant que tel, il me laissera tomber puisque je ne mérite que cela. Tous mes efforts, au cours de cette relation, se trouvent axés sur cette obsession latente de devoir être à la hauteur, donner l'impression à l'autre que je puis m'avérer un être humain aussi potentiellement reconnaissable et estimable qu'un autre. Mais l'autre, justement, n'a probablement aucune conscience de ce qui se passe dans ma tête, n'a pas idée une seule seconde des mécanismes qui me torturent intérieurement. Si je lui en faisais part, il me prendrait sans doute pour un fou, et n'aurait pas tort. C'est cette torture mentale qui aura avorté toute mon existence sociale, si tant est qu'elle existât. Torture entre, d'un côté, le fait de me persuader que j'ai le droit d'exister, que je suis, après tout, un être humain comme un autre et, de l'autre côté, la certitude imprégnée en moi de mon statut de rat d'égout. Torture entre deux pôles mentaux en cohabitation. Impression subjective de folie. Impression folle de subjectivité. Mais que je ne suis jamais parvenu à surmonter.

Ce n'est qu'à l'âge de vingt-huit ans que j'ai tout de même entrepris un début de rééquilibrage de ces évaluations disproportionnées, en prenant conscience justement de la subjectivité de mon ressenti. Il me fallait impérativement, à cette fin, me dépêtrer de l'influence parentale catastrophique. À cet égard, plus j'avance en âge, plus cette dernière m'atterre, plus je suis en rébellion contre ces gens, contre leur bêtise, leur lâcheté intellectuelle et leur inhumanité. C'est surtout le poids de la culpabilisation – nourrie par de multiples vecteurs – qu'ils ont fait peser sur moi qui m'a tué. Et dont il faut qu'aujourd'hui je me redresse. Le travail monumental à accomplir m'horrifie. Quand on me dit que je progresse, je rétorque ironiquement qu'il s'agit là d'un escalier de mille marches à gravir et que j'en gravis une tous les six mois. Sinon, je progresse, oui... On m'a dit aussi que je n'avais pas encore assez souffert, ce à quoi j'avais répondu que c'est comme si l'on disait à un cycliste venant de faire le Tour de France qu'il n'a pas encore assez pédalé... Le sentiment d'illégitimité que j'ai décrit contient finalement en lui seul le noyau dur central de la question de ma vie, l'explication majeure de mes impossibilités de réalisations et l'origine de mon aliénation de ce monde.

*\*\*\**

Je venais d'obtenir ma maîtrise de géographie, ce dont je me fous aujourd'hui, la dissimulant même dans mes CV actuels, j'avais vingt-deux ans et m'apprêtais à rempiler pour une cinquième année de fac. Je ne savais vraiment pas où j'allais. Mes ambitions artistiques étaient réduites à néant, ma naïveté devint désillusion. La seule journée de prérentrée en DESS me dégoûta définitivement de ce monde universitaire dont je mesurais de plus en plus à quel point il menait pour moi à une impasse. Je repensai à cette opportunité de l'année d'avant, gagner ma vie en tant que manutentionnaire dans une presse d'usine textile. Je repensai à ces tâches d'agent d'entretien qui, bien que rebutantes à évoquer de prime abord, m'avaient cependant convenu. Mais il ne s'agissait là que de poste saisonniers, aucunement envisageables à effectuer sur le long terme, dans un emploi durable, selon la conception idéologique de mon milieu familial. Je ne pouvais m'empêcher, toutefois, d'y entrevoir ce fameux compromis, cette dernière option qui correspondît à ma maladie existentiellement très restrictive.

Demeurant encore mentalement sous la coupe familiale, ne pouvant occulter leur point de vue et leur autorité, je tentai une approche de la chose... « Tu ne vas quand même pas faire le ménage toute ta vie » me rétorqua-t-on immédiatement. Ils me posaient souvent des questions quant à mon avenir, sur ce que je comptais faire, toujours sur un ton de menace hyper anxiogène, jamais dans un climat de confiance ou de soutien, c'est là le plus grand regret de ma vie. Leur faire part de mon problème d'incompatibilité avec le réel eût été semblablement suicidaire et stérile. Dialogue de sourds, ambiance. Contre mauvaise fortune bon cœur, je m'évertuai une fois de plus à tenter une immersion dans le réel en passant deux ou trois concours administratifs, sachant pertinemment de quoi il retournerait, avec le taux de réussite faramineux que l'on sait (sic). Nonobstant cette implacable réalité, j'espérais bien, inconsciemment et même consciemment, louper ces derniers, faute de quoi, j'eusse été astreint à mettre le doigt dans cet engrenage épouvantable du monde bureaucratique. Je me souviens d'un concours en particulier où je dus me forcer, deux heures durant, à contenir un fou rire inextinguible, affairé que j'étais à répondre sciemment moult âneries aux questions laborieuses que j'avais devant les yeux. Évidemment, le ratage eut lieu, ce qui fit pleuvoir sur moi sentence et anathème de la part de l'autorité parentale.

Mon père ne supportait absolument pas de me voir passer mon temps à ne rien faire, à errer dans une oisiveté chronique. Il fallait que je bosse, que je trime, que je paie. Cette vie, il allait falloir l'affronter, d'une façon ou d'une autre, j'étais mis au pied du mur. C'est ainsi que, parallèlement aux quelques ultimes tentatives de débouchés -telles que ces stupides concours administratifs- dans les voies « normales » ou « élevées » du monde du travail, je dégottai, à peine mon retrait de l'université opéré, un emploi inattendu dans un restaurant non loin de chez moi. Cela me permettrait de ne plus demeurer oisif aux yeux d'un père constamment menaçant, que je redoutais comme un chien battu par son maître, de me constituer un petit pécule en vue de mon indépendance future et, surtout, de trouver là de nombreuses heures hebdomadaires me permettant de fuir le toit familial.

J'écris tout cela avec mon état d'esprit actuel, après que plusieurs années d'eau aient coulé sous les ponts. Après une réimplantation dans le réel à laquelle la vie quotidienne et le temps passant m'ont irrémédiablement acculé. À l'époque, il m'était extrêmement pénible d'admettre qu'on puisse passer des heures et des heures d'une vie, par essence mortelle, à se consacrer à des considérations aussi vaines existentiellement et futiles spatio-temporellement que de s'occuper de paperasseries à un bureau, faire la caissière dans un supermarché, conduire un bus, servir les clients d'un restaurant, etc, etc. Encore pire : être le représentant ou le VRP d'une grande entreprise, se sentir impliqué et inséré dans cette dernière, en assurer la promotion, être intégré dans le système. Pour moi l'horreur.

J'ai toujours été habité par l'idée qu'il me fallait un grand but à accomplir au cours de mon passage sur terre. Pour que ce dernier ne soit pas vain. Que je ne pouvais consacrer ma vie qu'à quelque chose de vraiment essentiel. Que j'étais en devoir de réaliser quelque chose de fondamental et porteur de postérité : une gloire, une réussite, quelque chose en tous cas de plus fort que la normale. Ce sont probablement les trames intrinsèques d'un Surmoi marqué du sceau familial et de la problématique que j'en ai décrite, qui m'ont conditionné à un tel rapport à l'existence. C'est comme si l'on m'avait planté cette idée-là dans la tête, et dont je demeure irrépressiblement esclave. C'est là une donnée fondamentale de ma vie, qui m'obsède constamment et pèse très lourdement sur l'organisation malaisée de cette dernière. Chaque fois que je m'écarte de cette ligne, dont j'ai dans l'idée que je me dois de la suivre, je me sens mal. Chaque futilité de l'existence – sorties, soirées, balades sans but – ou que je considère comme telle, m'apparaît secondaire et suscite immédiatement l'interpellation de mon Surmoi qui me rappelle à l'ordre, en quelque sorte. Je bataille tous les jours pour me dire que je peux moi aussi y avoir droit et que ces choses-là ne sont peut-être finalement pas si secondaires que cela. C'est un sentiment qui m'habite quotidiennement, et qui entrave terriblement ma vie en générale et ma vie sociale en particulier. Ce sentiment me condamne à deux options existentielles aussi vaines l'une que l'autre : tenter utopiquement de l'assouvir ou dépenser mon énergie morale à lutter contre.

Seul ce qui était de l'ordre de l'absolu, de l'intemporel, du transcendantal, avait d'importance à mes yeux et retenait mon intérêt. Tout ce qui était réel, normal, quotidien, ne m'apparaissait qu'insignifiant et suscitait mon mépris le plus total. C'était au-delà de cela : je demeurais mentalement hermétique à ces choses-là, inapte à m'y focaliser cérébralement. C'est pourquoi les tâches requérant un don physique de soi me sont bien plus aisément actualisables que celles qui demanderaient à ce que je m'y donne mentalement. Cela, je n'y parviens définitivement pas, les années d'eau ayant coulé sous les ponts, à l'instar du temps selon Brassens, ne firent rien à l'affaire. L'Art serait la seule, unique et suprême exception.

En fait d'Art, je m'en retrouvai aux antipodes, en janvier 2003, dans la cuisine d'un restaurant à la clientèle assez importante, voué à y faire la « plonge ». Voilà qui me redescendit sur terre et me fit retrouver le labeur du « réel concret » que j'avais déjà connu au cours du travail saisonnier de mon été 2001. Je découvrirais là le pire de ce qu'il est possible d'imaginer en terme d'ingratitude de conditions de travail. Ingratitude de saleté, de chaleur et d'humidité. Dans mon idée, il ne s'agissait pourtant là que d'un poste temporaire, « en attendant de trouver autre chose ». Je ne pouvais imaginer un seul instant que j'y trimerais presque huit ans…

La plonge, c'est la vaisselle. La vaisselle c'est laver, essuyer, ranger. Trois étapes imparables. On me présenta le tableau : le fond de la cuisine, sous la hotte aspirante expulsant l'air vicié du lieu pour amener en échange de l'air extérieur. Les températures intérieures de la cuisine fluctuaient donc en fonction de la température extérieure : un frigo en hiver, une fournaise en été. J'évoluerais ainsi dans mon « coin vaisselle », piétinant en tee-shirt et tablier dans une sorte de couloir de part et d'autre duquel se répartissaient, d'un côté le long évier, de l'autre la machine cubique.

Cette machine tournait en quelques minutes seulement, enchaînant les fournées les unes après les autres, rendant ces dernières impossibles à chiffrer au quotidien. Plus d'une centaine probablement. Ce bruit infâme de moteur tourbillonnant me labourait les oreilles en permanence. Pendant que la machine tournait, il fallait préparer la fournée suivante, souvent différente de la précédente. Un coup des assiettes, un coup des couverts, un coup des petits pots ou ramequins. Ne pas oublier non plus la fournée fraîchement – ou plutôt chaudement – sortie de son enfer de vapeur. En évacuer la vaisselle propre, si tant est qu'elle le fût, car les performances de cette machine n'étaient pas toujours miraculeuses, l'empiler sur les côtés, mettre en route la nouvelle fournée. Et ainsi de suite durant des heures.

Toute la vaisselle sale ne passait toutefois pas en machine, une bonne partie devait être lavée à la main, dans l'évier. En particulier la vaisselle de cuisine, ce qu'on appelle vulgairement la « batterie » : poêles, casseroles, marmites, plaques métalliques, planches, pichets. Les plaques métalliques, en l'occurrence, horriblement entachées de poisson collant ou de sauce barbecue rouge brûlé. Les poêles, quant à elle, suintaient le beurre noirci. Je nettoyais tout cela à mains nues, l'utilisation de gants s'avérant trop contraignante : les enfiler pour laver, les enlever pour essuyer ou ranger, les remettre pour relaver, etc. Sans compter l'accumulation invraisemblable d'ustensiles de cuisine : louches, fouets, couteaux, spatules, lèche-pots, etc.

Le plus épouvantable à évacuer était justement les éléments les plus petits. Les immenses marmites, fussent-elles brûlées de sauce carbonade ou bolognaise, me posaient moins problème que tout cet amoncellement de bricoles multiples. En premier lieu les couverts, à essuyer un à un. Il y en avait une quinzaine de sortes différentes. Fourchettes, couteaux et cuillères de toutes formes et de toutes tailles. Grandes, petites, moyennes, à bouts ronds, à bouts carrés. Un service de dimanche midi nous en faisait essuyer des centaines. Ils trempaient d'abord dans un gros seau rempli d'eau savonneuse, les serveurs les y jetaient sales, revenus des tables des clients. Une fois ce seau plein, débordant de couverts dégueulasses souvent mélangés à des morceaux de frites et de salade, il fallait le vider dans le bac en plastique qui entrerait dans la machine. Combien de fois me suis-je coupé, piqué, lacéré les doigts en essuyant ces maudits couverts... Et cela prenait énormément de temps, bien plus que le reste de la vaisselle et de la batterie.

    S'agissant des petits éléments dont je parlais, ceux qui m'agaçaient le plus épouvantablement, il y avait en sus des couverts un régiment de petits pots de toutes tailles et de toutes formes contenant les sauces qui accompagnaient les plats servis aux clients. Les sauces les plus grasses – cocktail, mayonnaise – étaient les plus difficiles à ravoir, surtout enferrées dans des récipients minuscules. Les autres – ketchup, vinaigrette – posaient généralement moins problème pour les rendre propres. Il y avait en effet, dans la direction de ce restaurant, une manie, qui s'accentua de surcroît au fil des années, d'accompagner les plats, les salades, les débuts et fins de repas -amuse-bouches puis desserts- de toute cette clique de petits ramequins, verres, pots, dont il était extrêmement difficile d'extirper le contenu. Pas seulement les sauces que j'ai citées d'ailleurs, mais aussi un tas d'autres substances grasses et collantes : mousse de poisson, mousse au chocolat, mousse de foie gras, mousse de ceci, mousse de cela, etc. La machine ne parvenait guère à correctement nettoyer tout cela, ses jets puissants n'atteignant point les recoins de ces infâmes mini-récipients, aussi devions-nous les ravoir à la main, avec nos doigts que nous enfournions au fin fond de ces choses dégueulasses.

    Concernant les assiettes, c'était une autre paire de manches. Il y en avait de multiples tailles et surtout de multiples sortes : rondes, ovales, carrées, rectangulaires, plates, courbes, à compartiments. Une fois passées en machine, une fois le plus gros de l'humidité évaporé, il fallait les passer avec un chiffon humide afin d'en gommer justement les traces laissées par les coulées engendrées par la machine. Les empiler puis les ranger. Combien de tonnes d'assiettes ai-je ainsi ranger au gré des années, à travers cette immense cuisine, combien de courbatures ai-je contractées en accomplissant ces efforts de bagnard, en portant ces charges de forçat ? À côté des charges lourdes, il y avait aussi des tâches plus délicates, requérant une subtile dextérité, telles que l'acheminement des coupes à glace vers leur lieu de rangement. Ne pas les faire tomber, ne pas vaciller, ne heurter personne en les transportant, ne pas ceci, ne pas cela...

Les tâches les plus ingrates en termes de saleté relevaient du grill et de la batterie de boucherie. Les travers de porc, les rôtis et les viandes grillées cuisaient sur un ensemble de fonte constitué de cinq lourds et longs morceaux que je devais régulièrement décrotter. J'en décollais les feuilles d'aluminium brûlées pour en gratter le noir de cendre et les débris de viande carbonisée, au moyen de divers instruments qui m'abîmaient horriblement les mains : grattoirs, couteaux, éponges métalliques. Une telle tâche laissait l'évier éventré de saleté, dévasté de particules noirâtres, comme un âtre éteint et poussiéreux. Les viandes justement qui cuisaient sur cette lourde fonte, étaient préparées sur place, dans le coin boucherie du fond de la cuisine. M'en arrivaient des planches de bois ou de plastique, des récipients de tous types, d'immenses bacs blancs salis de viande hachée. Ces bacs ne pouvaient entrer dans la machine, trop grands qu'ils étaient, aussi n'avais-je point d'autre choix que de les frotter à la main. La pire batterie du coin boucherie était justement le hachoir que je nettoyais quasiment quotidiennement. Un hachoir pour la préparation des steaks et du filet américain. Un appareil électrique dispatché en plusieurs pièces à nettoyer dans leurs moindres petits recoins : hélice, grille, spirale, etc.

Une cuisine de restaurant est un enfer sur terre. Un enfer de bruit, de chaleur et d'humidité. En premier lieu le bruit : une cacophonie incessante entre les patrons qui gueulent, les machines qui vrombissent et les employés qui se hèlent les uns les autres. C'est une ruche grouillante et bourdonnante, une véritable fourmilière où les gens se croisent et se recroisent sans arrêt dans des corps-à-corps et des bousculades de moiteur, des moiteurs bousculées. Cette dimension de la promiscuité me fut d'ailleurs de plus en plus pénible à supporter au fur et à mesure des années qui passèrent. J'étais toujours à vif, souvent à bout de nerfs, me faisant régulièrement faire le reproche – à juste titre j'en conviens – de mon manque de patience et de conciliation. Je me voyais aussi souvent dépassé par les événements : l'amoncellement invraisemblable de vaisselle sale, dont on ne vient à bout qu'à la toute fin du service, me décourageait bien souvent. Il y en avait des amassements en tous coins : près de l'évier, sur des établis, par terre, partout. J'étais engoncé au milieu d'un enfer de vaisselle sale que les employés desservaient dans un tohu-bohu cyclique. Il faut sans cesse s'accrocher, ne pas baisser les bras, continuer encore et encore, évacuer de la vaisselle sale pour en voir arriver de la nouvelle, c'est un circuit infernal dont on ne voit l'aboutissement qu'à minuit. On ne mesure l'utilité et la portée de son travail qu'en en repartant finalement, après avoir résisté une journée entière à la tentation de baisser les bras.

En second lieu, c'est la chaleur qui nous oppresse. Une chaleur grasse et étouffante émanant des fours à vapeur, de la machine à vaisselle, des fourneaux à gaz et du grill à barbecue. Heureusement qu'une gigantesque hotte installée au plafond permettait le renouvellement de l'air, sans quoi nous eussions suffoqué. Cela manqua d'ailleurs d'arriver : une panne de hotte quelques heures durant transforma la cuisine en véritable hammam turc, nous perlions tous de transpiration. La chaleur ne provenait pas que de l'air ambiant, mais aussi de ce que la vaisselle m'en procurait : le travail sans cesse les mains dans l'eau très chaude, le contact digital avec des assiettes ou des ustensiles bouillants, sortant du four, qu'on m'amenait en criant : « chaud ! ». J'étais alors bien obligé de me démerder pour prendre cela en mains à l'aide d'un torchon, d'un truc ou d'un machin à disposition, afin d'éviter de m'ébouillanter ce qui, au demeurant, arriva maintes fois tout de même. En été, bosser en pantalon relevait de l'impensable, le lourd tablier plastifié que je portais me suffisait largement en guise d'effet sauna. Ce dernier permettait toutefois à mes vêtements de ne point s'avérer trop souillés par l'eau sale de la vaisselle, à laquelle mon tablier d'auparavant, en simple tissu, avait été plus perméable. Plusieurs de mes pauvres habits de chiffonnier en avaient misérablement fini aux bonnes œuvres.

Je pataugeais dans une zone au sol constamment humide, malgré mes efforts pour le maintenir au sec, efforts détruits par la négligence des autres. Je manquai plusieurs fois de me retrouver à terre, glissant malaisément à maintes reprises sur cette patinoire. Cela arriva une fois où, les bras encombrés de marmites lourdes à mener au lieu de leur rangement, je me ratatinai au sol, tombant violemment sur le coude, dont l'os me demeure encore aujourd'hui fêlé. Il n'y avait pas que le sol qui était humide : je bossais à bras nus, constamment maculé d'une pellicule de moiteur qui empêchait ma peau de respirer sainement et accentuait ainsi ma sensation d'énervement et d'étouffement. Le simple fait de me doucher après le boulot s'avérait en soi une jouissance absolue. C'est un travail, en outre, qui marque et oppresse physiquement à un point très avilissant. Les mauvaises positions qu'on prend pour ranger la vaisselle, mal se baisser pour empiler les grosses et pesantes marmites les unes dans les autres, mal se pencher au-dessus d'un évier trop bas, se tordre et se démener dans tous les sens pour agripper ceci, attraper cela, crapahuter comme un singe pour choper la vaisselle sale négligemment laissée ici ou là, me laissèrent l'organisme démantelé et le dos en compote. J'en garde d'horribles et contraignantes courbatures au bassin. Je ressortais chaque jour de cet enfer de cuisine aussi léthargique et vacillant que si j'avais bu deux bouteilles de champagne.

Je devais y rester trois mois, j'y suis resté sept ans et demi. Personne n'en comprit rien, évidemment. Un garçon intelligent, bardé de diplômes, qui gagne sa vie en faisant la vaisselle alors qu'il a tant de capacités, serait capable de tellement mieux ! Mon milieu familial me jeta bien sûr l'anathème, me taxant de fainéantise et de facilité, déplorant mon manque d'ardeur à dégotter un emploi davantage à la hauteur de mes diplômes et de ce qu'il serait plus « normal » d'exercer professionnellement. Toujours est-il que cet emploi, aussi abject fût-il, me nourrissait, me permit de quitter le nid familial et de m'installer dans la vie. C'était cela ou aller dormir sous les ponts, je n'avais que deux solutions. Mon père n'en pouvait plus de ma présence sous son toit, il fallait que je parte. Cela faisait de toute façon plusieurs années qu'il me menaçait de me foutre à la porte, le simple fait de m'entendre respirer l'insupportait. J'avais vingt-quatre ans et demi quand je partis. Assimiler ma prise d'indépendance à une sortie de prison relèverait pour moi de l'euphémisme. Une exaltante litote qui expliquera les trois années de relatif équilibre que je vivrais ensuite, avant de replonger...

Depuis l'âge de vingt-trois ans, combien de fois ai-je dû me justifier du travail qui était le mien, incompréhensible au vu de mon brillant parcours scolaire. Combien de fois ne m'a-t-on pas demandé pourquoi je n'exerçais pas un boulot davantage dans la ligne logique de mes études et de mes capacités intellectuelles. Je ne me voyais franchement pas me lancer dans tout un explicatif intellectuel du pourquoi du comment de mon incompatibilité avec le réel – nonobstant l'écriture de cet ouvrage qui, finalement, se trouve avoir entre autres cette vocation. Avec les années qui passèrent, j'ai appris à me dépêtrer de ce genre de situation embarrassante en clouant le bec à mes interlocuteurs par d'habiles pirouettes verbales. Je les connais par cœur maintenant, je les ressors automatiquement.

Les gens me mettaient beaucoup dans le crâne que ma vie était un gâchis, que je valais tellement mieux, que je n'exploitais pas mon potentiel. Pauvre d'eux, s'ils avaient su ! C'était comme s'ils disaient à un handicapé qu'ils ne comprennent pas pourquoi il ne se lève ni ne marche : ils n'ont simplement pas vu qu'il était assis dans un fauteuil roulant. C'était comme s'ils disaient à une fille frigide qu'ils ne comprennent pas pourquoi elle souffre de blocage sexuel, ne sachant pas qu'elle a passé des années à se faire labourer, violer, tringler, trouer. Ils connaissaient mon cursus universitaire -certains aussi mon image d'intello traînée à regrets depuis l'enfance- mais ignoraient tout de mon catastrophique cursus familial et psychanalytique. Ils étaient à des années-lumière de percevoir en moi un psychotique maniaco-dépressif aux difficultés et blocages graves et constamment à fleur de resurgissement. Grand bien leur en fît !

J'ai certes toujours eu la faculté à sauver les apparences, volontairement ou non d'ailleurs, selon les circonstances. Ce fut le plus souvent involontaire : j'ai toujours eu malgré moi – à mon plus grand étonnement chaque fois qu'on m'en fit part – l'image d'un garçon bien gentil, sans aspérités, le gendre idéal, le fils modèle (sic). Intérieurement, Je m'en sens aux antipodes ! Ce décalage entre mon Être et mon Paraître m'aura beaucoup aidé dans la vie, lors de circonstances pour moi épouvantables telles qu'un entretien d'embauche, un rendez-vous chez un notaire ou une signature de bail. Je laisse toujours derrière moi – là aussi involontairement, mais j'en ai les échos ensuite – une excellente image de garçon sérieux, genre premier de la classe, qui présente bien, qui s'exprime bien, qui ne fait pas de vagues. Ces gens – patron, propriétaire – auxquels je venais d'être confronté, ne pouvaient imaginer à quel point j'étais effondré en repartant de notre entrevue. L'impression d'être violé ou choqué. Comme si je venais de dégueuler mes tripes.

Si je ne parvenais définitivement pas à m'insérer mentalement et socialement dans le réel, si l'énergie de vie me gouvernait encore davantage que l'intimation suicidaire, je n'avais guère d'autre choix : m'enferrer dans le réel concret, fait de labeur, de saleté, d'ingratitude physique. L'ingratitude sociale ou hiérarchique, pour importante que d'aucuns la considérassent, m'indifférait quant à moi au plus haut point. Bien au contraire : je m'y vautrai avec complaisance, certainement avec délectation. C'était même là une façon pour moi de contrecarrer la malédiction familiale pesant sur mes épaules. Enfant, j'entrapercevais d'un œil circonspect un père ouvrier mécanicien et le souvenir d'un grand-père électricien, vivant l'un puis l'autre chichement du strict minimum, ne sachant même pas gérer ce dernier. « Tu as des origines bourgeoises ! » M'a-t-on à cette époque souvent clamé, comme si l'on attendait de moi que je prenne la relève, que je prenne « leur » revanche. Leur inconscient collectif avait voulu faire de moi le restaurateur, d'une certaine façon, d'un blason terni et érodé depuis des décennies par l'alcool et la paresse. J'en pris le contre-pied : il ne fallait pas compter sur moi pour assumer une tâche de réhabilitation sociale qu'eût espérée, en guise de rémission, une mécanique de descension multigénérationnelle dont je n'étais aucunement responsable. Après moi, il n'y aura pas de descendants. Avec moi, le nom mourra. Par moi se parachèvera la déchéance de mes ascendants. À travers moi se confirmera l'irréversibilité de leur gloire passée. Je ne ferais pas leur jeu mais jouerais le mien : ils avaient attendu de moi que je fisse leur révolution, je décidai plus qu'à mon tour d'accomplir ma contre-révolution.

***

Depuis que j'ai quitté le toit familial, je me suis enlisé dans un degré de solitude que peu d'êtres humains auront atteint je crois. En-dehors de mon contexte de travail, je ne voyais quasiment personne. Bien sûr, le sentiment de solitude a toujours été ancré en moi comme une évidence indéboulonnable mais, durant des années, ce sentiment était compensé par la présence effective d'autrui. Une présence qui me rebutait bien souvent, mais une présence tout de même. J'étais seul dans ma tête, mais pas seul physiquement. Aujourd'hui, je suis seul de toutes les façons qu'on peut l'être.

J'ai remarqué que l'accentuation ces dernières années de ma solitude physique, me rendait de plus en plus intolérant socialement et me faisait apparaître de plus en plus difficile et inaccessible le fait de me « resocialiser ». Je supporte de plus en plus péniblement la promiscuité, la foule et, par-dessus tout, le fait qu'on me sollicite de quelque façon que ce soit. Traverser une salle des fêtes emplie de monde, déambuler dans les rues surpeuplées d'une brocante de dimanche matin, me tournent la tête véritablement, m'oppressent de façon très anxiogène.

Il est évident qu'il y a chez moi, depuis l'aube de ma vie, un grave problème relationnel, je n'en suis que par trop conscient. D'où vient cette sauvagerie incurable, cette marginalité présente dès mon plus jeune âge ? C'est un des éléments aussi de cette incompatibilité avec le réel qui est la formule par laquelle j'ai nommé ma maladie. Une personnalité plus marginale qu'insérée, plus artistique que normative. Une incapacité malgré tout, par-dessus tout, envers et contre tout, à « être dedans » socialement, à m'ancrer dans les schémas aussi bien concrets qu'abstraits de l'existence humaine.

En quittant le toit familial, une période de forte solitude me fut absolument nécessaire. Pour « prendre du recul », « faire le point », selon des formules très bateau. Pour tenter de me recadrer surtout et d'exercer sur moi-même le travail qui demandait à l'être depuis longtemps mais que je n'avais guère pu être en mesure d'accomplir tant que j'étais sous la coupe physique de l'autorité parentale. Y croulant sous un fardeau mental d'insécurité permanente, n'y trouvant guère la tranquillité d'esprit nécessaire au travail introspectif.

Un éloignement physique et géographique d'abord, temporel et intellectuel ensuite, m'aura été pour le moins salutaire. Une cure d'austérité sociale qui, dans un premier temps, représenta pour moi une respiration vitale, un refuge essentiel après les années d'avilissement que j'avais préalablement connues. Un enlisement personnel dans un second temps, que j'ai ressenti à partir de mes vingt-huit ans environ…

Au bout de trois ou quatre années de solitude quasi-totale, j'en étais presque revenu à l'état sauvage. Ma distanciation sociale, en premier lieu accomplissante, devint en second lieu aliénante. On a beau avoir un tempérament hyper solitaire et avoir une grande aptitude de réalisation de soi désocialisée, on a beau avoir cette grande force de ne pas avoir absolument besoin de quelqu'un, d'existence sociale, force sans laquelle je serais mort depuis longtemps, on ne peut totalement occulter l'autre. À moins d'avoir en soi une fibre mystique et sacerdotale telle qu'on pourrait vivre seul dans le désert en ayant pour unique carburant existentiel le raccrochement à Dieu et à l'Absolu. Cette fibre-là, je ne l'avais pas.

Je me suis enlisé dans un marécage de solitude au point d'en perdre les quelques bases de fonctionnement relationnel et social que j'avais pu à peu près acquérir durant les vingt-quatre premières années de ma vie, aussi maladroites furent-elles. Au point que le simple fait de rencontrer quelqu'un ou de recevoir quelqu'un chez moi m'affolait au possible et représentait à mes yeux un événement exceptionnel. Ce qui est tout de même effarant, ai-je réalisé ensuite. Il a fallu que je « rebanalise » cela, que je réapprivoise les rapports humains, qu'ils me redeviennent naturels, ce qu'ils n'étaient plus.

Il a fallu que je reconnaisse également à quel point j'avais besoin de rapports humains. J'en avais tellement été dégoûté durant ma jeunesse, ne les ayant vécus que sous un angle de contrainte, d'asservissement, de crainte et d'appréhension. On m'avait tellement mis dans l'idée qu'il fallait former un couple, avoir des enfants, avoir des amis, on a tellement tenté de m'astreindre à ces principes d'existence sociale et familiale, qu'il en résulta chez moi une apologie de l'individualisme. Avoir le droit d'exister par soi-même, tirer sa légitimité existentielle de sa propre essence, et non d'instances – couple, famille, société – plus vastes que soi-même : voilà ce pour quoi je me suis battu toute ma vie. Résister à l'emprise conformiste et dogmatique du macrocosme socioculturel en général, de mon microcosme familial en particulier.

J'ai pu à cet égard connaître un nombre épouvantable de trahisons toutes calquées sur ce même schéma d'impossibilité à atteindre quelqu'un dans son existence propre, eu égard à celui ou celle qui partage son existence et qu'on doit obligatoirement prendre en considération. Combien de fois ai-je noué un lien, une complicité, un échange avec tel ou telle à qui je faisais part de confidences, à qui je témoignais mon attachement, à qui je laissais une lettre ou un message, pour que ces derniers finissent en pâture à « l'autre » : le compagnon, la compagne, le mari, la femme, cette « pièce rapportée » qui me barrait la route et avec laquelle il fallait inévitablement composer.

Une pièce rapportée qui aura détruit nombre de mes plus belles relations avec tel ou telle qui, dès lors qu'il ou elle s'engageait dans ce schéma de vie « en couple », m'excluait de son existence, pas délibérément mais par la force des choses, me laissant seul et impuissant face à ce diktat social du « couple ». Diktat qui me débecte. Nombre de mes relations furent ainsi avortées par le fait que cette personne avec qui je vivais ce beau lien « s'encouplait ».

Je n'ai jamais compris ce principe qui consiste à devoir fonctionner à deux. Devoir former un couple avec quelqu'un, se trouver un compagnon de route, un complément. Pourquoi ? De quoi peut bien procéder cette démarche et ce besoin qui animent la quasi-totalité des individus ? Pour quoi ? À quel but et à quel assouvissement aspirent-ils ? Plusieurs paramètres entrent sans doute en jeu dans tout cela : l'incomplétude inhérente à l'être à son échelle individuelle, le conditionnement socioculturel qui nous pousse automatiquement et inconsciemment à reproduire les mêmes schémas que ceux qu'on nous a mis dans la gueule depuis l'aube de notre existence. La faiblesse de l'être aussi, qui le pousse à avoir besoin d'une béquille sur laquelle s'appuyer, d'une bouée à laquelle se raccrocher, rendant ainsi l'existence moins lourde à assumer. La béquille, la bouée, ce sera l'autre, un autre, une autre. J'ai toujours ressenti cela comme épouvantablement pathétique, bien qu'humainement compréhensible.

J'étais tellement naïf, inconscient des conséquences de mon élan vers l'autre, tombant des nues lorsque j'apprenais que son acolyte avait lu mes lettres et mes messages, lesquels n'étaient pourtant adressés qu'à une seule personne. Pourquoi faut-il obligatoirement prendre en considération la « pièce rapportée » ? La vie à deux implique-t-elle forcément le renoncement total à sa liberté individuelle, à ses marges de manœuvres personnelles ? La vie à deux signifie-t-elle forcément que ce qui arrive à l'un concerne automatiquement, de fait, l'autre ? Que cet autre a droit de regard sur les affaires personnelles – courrier, portable, messagerie internet – de son compagnon sans même lui demander son avis ? C'est quelque chose qui me révolte. Chacun a droit à une part de secret, à la préservation d'un espace intime, d'un jardin personnel où nul n'entre sans permission, pas même celui ou celle avec qui on partage sa vie. À plus forte raison si ce dernier nous aime, ce devrait être une véritable preuve d'amour que de respecter la part de silence et de liberté de l'autre. Il ne s'agit sinon que de preuves d'égocentrisme indirect, d'emprise et de possessivité.

Et à chaque fois ce même sentiment de trahison qui me brûlait l'estomac, un sentiment et une brûlure que je ne connaissais que trop bien depuis trop longtemps, ravivant à chaque fois une plaie ancienne, un point douloureux remontant à loin et lié sans doute à ce que j'ai pu entrevoir entre mes parents à mes jeunes années. L'incapacité à atteindre l'un sans entraîner inévitablement les foudres de l'autre. L'impossibilité à être en fusion avec l'un sans devoir prendre aussi en considération l'existence de l'autre.

L'impossibilité pour un être d'exister tel qu'en lui-même, de tirer sa légitimité de son essence propre, de pouvoir exister en-dehors de tout accomplissement social. Là non plus je n'aurai su comprendre le mode de fonctionnement des humains, encore moins y adhérer, encore moins m'y intégrer. Ne peut-on exister que par un « statut » d'ami, d'époux, de collègue, de voisin ? Ne peut-on exister avant tout par l'essence même de son individualité, de son unicité identitaire ? Je demeurai incompatible à ce réel-là aussi, celui des autres, trop embrumé que j'étais par un idéal chimérique. Ce qui m'a toujours posé un très lourd cas de conscience dans la vie, c'est justement la mesure dans laquelle la liberté et la vérité individuelles d'un être peuvent s'avérer compromises par le conditionnement socioculturel exercé sur lui par le milieu qui l'environne. Je me suis toujours senti en très profonde rébellion contre cela, pourquoi ? J'ai toujours senti là un avilissement et une entrave à la possibilité d'existence de mon être, pourquoi ? Ce qui, aux yeux des autres, paraît tout à fait normal et acceptable, moi m'épouvante et me révolte.

Les gens ne réfléchissent jamais à ce genre de considération, cela ne leur vient même pas à l'esprit de remettre en cause de telles réalités. Chez moi, la remise en cause fut précoce, n'ayant pas été structuré socio-éducativement. L'absence de Surmoi favorise l'affleurement immédiat du Ça. Mes parents étaient estomaqués par mon audace verbale, mes réflexions désinvoltes : « j'existe indépendamment de vous, votre avis m'indiffère, je remets en cause votre jugement, les termes que vous employez sont inappropriés, etc ». Ils me percevaient comme un gamin spécial, original, qui ose « répondre ». J'ai ainsi grandi sous une sorte d'autoritarisme bête et méchant, où les mêmes sempiternelles formules toutes faites revenaient battre ma coulpe : « fous-nous la paix sale gosse, tu dois obéir, tu es un malhonnête, arrête de répondre, tu nous fais chier, etc ». Un autoritarisme primaire surplombant et empaquetant les multiples schémas relationnels parfaitement inadéquats et inconstructifs que j'ai eus pour modèle. Incommunicabilité, distance, froideur, blocage affectif, incompréhension mutuelle : schémas qui m'ont laissé comme un pantin désarticulé dans ce domaine crucial de l'existence qu'est celui des relations humaines.

Mes parents formait un couple que l'on pourrait qualifier de paradoxal : à la fois fusionnel mais sous le sceau d'une infrangible incommunicabilité. Ils étaient interdépendants l'un de l'autre – lui pour des raisons pragmatiques et quotidiennes, elles pour des raisons plus humaines et affectives – mais n'étaient foncièrement pas sur la même longueur d'onde. Ma mère essayant de parler à mon père confinait à la tentative de communication d'une muette envers un sourd. Son blocage profond à elle se heurtait à son hermétisme intellectuel à lui. Ils n'ont jamais su transcender ce dialogue de sourds. Le plus grave pour moi en fut le retentissement déséquilibrant sur mon être, que mes deux parents n'entrevoyaient aucunement dans le même état d'esprit : elle me survalorisait de façon inadéquate et possessive, sous le joug d'une dépendance affective ancienne et insoluble, tandis que lui s'échinait à m'amoindrir et me rejeter implacablement. J'ai ainsi été tiraillé entre deux sons de cloche diamétralement opposés, ce qui contribua à façonner dramatiquement la personnalité bipolaire qui est la mienne aujourd'hui. L'avilissement dont je fus accablé m'empêcha tardivement d'exister sur le plan amoureux et sexuel. Ce ne serait qu'une fois le cordon ombilical coupé définitivement, alors que je ne m'y attendais plus du tout, une fois que j'avais fait le deuil définitif des passions les plus frémissantes de l'existence, que les circonstances de la vie, une fois défait du carcan familial, m'amèneraient enfin à découvrir et à vivre quelques passions brûlantes, nonobstant le fait que je ne les connaîtrais que fugacement, par petites touches illuminant la platitude d'une existence jusque-là monacale. J'avais vingt-quatre ans (sic).

Le fait que mon émancipation charnelle voire amoureuse ait eu lieu uniquement après mon émancipation du nid familial, ne fut donc pas un hasard mais un symbole criant. Ma mère m'avait infantilisé jusqu'à la castration, ne m'ayant toujours considéré que de la façon dont une petite fille considère sa poupée ou son baigneur. Avec une possessivité confinant à la chosification. Je devais être comme elle voulait que je sois, et ne surtout pas grandir, oser devenir un homme. Elle fut par exemple accablée de me voir obtenir mon permis de conduire et ma première voiture, elle n'admettait pas que je devienne un adulte ayant son identité propre. Et le plus dramatique est que j'abondais à l'époque dans son sens ! J'étais écrasé sous sa coupe morale, conditionné affreusement par ses schémas et ses préceptes complètement inadéquats. J'étais rongé par la culpabilité de ne point demeurer un enfant aux yeux de cette femme mythomane. Et même une fois défait de sa présence physique, il me faudrait plusieurs années supplémentaires pour me défaire de son intoxication psychologique, plusieurs années pour en arriver à l'idée que j'avais moi aussi le droit de m'affirmer en tant qu'homme à part entière. Ma mère m'aura posé un très grave problème d'identité, dont je ne serais à peu près complètement défait qu'au seuil de la trentaine. Un des quelques réels avec lesquels j'aurai su tant bien que mal me remettre en phase.

Qu'est-ce qui, dans le comportement d'un individu, relève, ou de son authenticité personnelle, ou de mécanismes, d'automatismes et de schémas induits par sa base socio-éducative ? On pourrait déblatérer pendant des heures sur un tel sujet, sans aboutir à aucune certitude. Et qu'est-ce que l'authenticité individuelle d'un être ? Existe-t-elle seulement ? Un être ne se définit-il pas aussi par la mesure dans laquelle son milieu l'a façonné ? Existait-il seulement avant que son milieu ne le façonne ? Pour parler en termes taoïstes, je rêve de quitter mon Ciel Postérieur pour retrouver mon Ciel Antérieur : effacer l'emprise dogmatique par laquelle ma famille et ma socioculture m'ont galvaudé pour recouvrer la pureté originelle de ce que j'étais initialement. L'inné n'occupe sans doute qu'une proportion extrêmement faible dans l'origine puis l'élaboration du profil psycho-existentiel d'un être : l'acquis, fût-il précoce ou tardif, y occupant, je le crois, la part plus que majeure. Quelle peut donc être l'identité d'un humain ayant grandi hors du milieu humain... Je songe évidemment aux cas des enfants sauvages, des Tarzan et des Mowgli, dont je me sens souvent proche... Sortis de leur jungle natale pour être rapatriés vers la civilisation, on leur apprend – ou réapprend – les codes et la langue d'un milieu déterminé. Mais ils ne parviendront jamais à devenir – ou redevenir – des êtres socialement aussi formatés que les autres. Une part de sauvagerie demeurera inaltérable.

Je me reconnais dans ce parcours : une fois sorti de ma jungle familiale, n'y ayant pas bénéficié des bonnes cartes en mains pour sainement me socialiser, j'ai réappris par moi-même à savoir me comporter en société, à user des rouages que la vie collective implique. Je vivrais ce réapprentissage-là de l'âge de vingt-quatre à l'âge de trente ans. Même si, comme pour tarzan, la rééducation ne sera jamais totale : le navire n'a certes pas coulé, mais ses brèches demeurent douloureuses et mal colmatées. Là aussi c'est un paradoxe sans fin de ma vie : être en perpétuelle révolte intellectuelle contre le principe de devoir exister socialement, mais tout mettre en œuvre pour savoir exister tout de même de cette façon-là, au moins dans une certaine mesure, pour dire de ne pas en être totalement exclu. Il y a là une incohérence certaine qui s'additionne aux autres et multiples incohérences de ma vie. J'en viens souvent à me trouver cérébralement essoré, à force de réfléchir sans cesse à tout cela. Quand vient le soir, je trouve le sommeil davantage par épuisement mental que par fatigue physique.

Force est pourtant de constater que l'occultation totale et absolue de l'autre, des autres, est un leurre, une impossibilité et un déni forcément préjudiciables pour l'être. Je m'étais complu un peu bêtement dans une certitude de mon autosuffisance existentielle, laquelle fut effective trois ans tout au plus, par rébellion idéologique contre mon milieu. Résister à une influence pour en prendre le contre-pied total, ne résout rien. Cela ne fait qu'assouvir une complaisance intellectuelle consciente ou inconsciente, mais ne répond guère aux demandes profondes et véritables d'un être. Si ce n'est alimenter sa fierté ce qui, en soi, n'est pas très intelligent. J'ai dû admettre l'idée de ne point me suffire à moi-même, identitairement et affectivement.

 Un être humain peut-il parvenir à éprouver le sentiment de se réaliser, de se sentir exister, d' « être heureux » pour employer une formule très bateau, en ne vivant aucun accomplissement affectif et relationnel ? Aucun accomplissement ni familial, ni amical, ni amoureux ? Là est la vraie question. Je crois sincèrement que bien peu d'êtres pourraient y répondre affirmativement...

 Comment s'extirper du marécage de sa solitude quand on a perdu l'usage des relations humaines ? Comment m'extirper du marécage de ma solitude quand bien même je me sens finalement aussi mal en présence de l'autre ? Il me semble que mon mal-être est sans limite et surtout sans explication ni solution. Quand on se sent aussi mal seul qu'accompagné, quel compromis existentiel trouver ?

 Il m'a fallu tenter de ressentir l'autre, sa présence, son existence, sa prise en considération, autrement que par l'angle avilissant sous lequel ma maladie me l'avait fait entrevoir. C'était la seule échappatoire à la prison de ma solitude, dont les barreaux m'auraient définitivement étouffé et amené au suicide si je l'avais laissé perdurer plus avant. Trouver le déclic et la force de remonter à la surface avant de me laisser couler irréversiblement. Ne pas me trouver trop profondément englué avant qu'il ne soit trop tard et que toute possibilité de rémission ne s'avère ainsi définitivement compromise.

 La solitude vécue à un degré extrême peut amener à une forme de folie. Quand on a pour seul visage en face de soi que son propre reflet dans le miroir, quand on a pour seul écho revenant à soi que sa propre voix résonnant dans le vide quand on crie seul dans la montagne, on finit par tourner en rond comme un petit animal en cage courant indéfiniment sur une roue, course éperdue sans aboutissement possible. Comme un poisson rouge tout seul dans son bocal, qui tourne et tourne toute la journée en n'ayant pour paysage devant ses gros yeux, que le reflet de ces derniers dans les parois du bocal. C'était vraiment le sentiment que je ressentais de plus en plus : tourner en rond la tête baissée sur un manche à balai, en être ivre de soi-même, n'avoir aucun autre écho ni point de repère pour se situer dans la vie que soi-même avec tout ce que cela engendre et signifie d'exagération subjectiviste et de disproportion émotionnelle. Ruminer, gamberger sans cesse les mêmes idées, idées tournant à vide, se laisser dévorer par l'emprise de sa subjectivité.

Sans parler du développement progressif d'une conception de l'autre s'éloignant de toute forme de réalité ou d'adéquation. À force de maintenir une distance, d'en creuser toujours plus le fossé, l'air de rien, avec l'autre et la vie sociale, se façonne de plus en plus au fond de soi un rapport névrotique et pervers à ces entités-là. On devient sauvage et qui dit sauvagerie dit forcément intolérance, agressivité, méfiance et asocialité. Plus l'autre est loin de soi, plus cette distanciation nous fait développer une vision de lui détraquée, disproportionnée, que ce soit dans un sens ou dans l'autre. Tantôt on le rejette catégoriquement, tantôt on l'idéalise comme un prince charmant dont on attend l'arrivée sur son beau cheval blanc. C'est le yoyo psychologique oscillant de la paranoïa à la fascination, ces perceptions excessives procédant toutes deux de la mythomanie.

Il fallut que je me défisse de ce schéma de vie glauque et infructueux, que je m'extirpasse de ce marécage existentiel dans lequel j'asphyxiai presque deux ans. Il s'en fallut de peu que le naufrage fut total. Sans accomplissement ni familial, ni amical, ni amoureux, vivotant à qui mieux mieux dans une petite maison d'une petite ville au milieu des champs, n'y connaissant aucun loisir ni activité, si ce n'est un tour à pied de temps en temps, seul à travers la campagne dénudée, seul au travers des chemins cernés de terres nues, seul face aux éléments. Ne voyageant jamais, enlisé dans un schéma de vie réglé comme du papier à musique, hebdomadairement renouvelé, d'un immobilisme et d'une répétitivité absolument affolants, calqué sur mes horaires de travail, immuables depuis mes vingt-deux ans. J'approchais de la trentaine : cela suffisait.

Je m'étais beaucoup approprié la formule, à la fois stupide mais non dénué d'une réalité certaine, selon laquelle il vaut mieux être seul que mal accompagné. Je tentai désormais de me dire qu'il vaut mieux être bien accompagné que seul !

Mes premiers schémas relationnels, induits essentiellement par le marécage glauque que fut le microcosme familial dans lequel je macérai presque un quart de siècle, m'avaient laissé une image désastreuse des rapports humains. Image dont résulta chez moi, assez logiquement, le développement très précoce d'un rapport positif à la solitude. Une solitude qui m'apparut donc jusqu'au seuil de la trentaine, d'abord vécue sporadiquement puis pleinement une fois indépendant, comme un salut, une respiration, un refuge, un soulagement. La solitude fut en premier lieu synonyme pour moi de liberté, d'indépendance, de tranquillité en général, de tranquillité d'esprit en particulier, de propension à la réflexion, à la lecture et surtout à un retour sur soi, un travail introspectif vital dans mon cas.

J'éprouvai bien le désir d'exister aussi au travers d'ébauches amicales ou amoureuses, mais l'inassouvissement global de ces initiatives-là ne me posa pendant longtemps pas véritablement problème ni cas de conscience. Cela ne m'empêchait pas de continuer à vivre, je n'en avais pas absolument besoin… Du moins le croyais-je ou tentais-je de m'en persuader…

Tout finit par s'essouffler. Chaque situation de vie connaît progressivement sa lassitude, son affadissement, son usure progressive et insidieuse. Je pense qu'il est difficile de maintenir sur le long terme, sauf cas exceptionnels, la ferveur et l'enthousiasme du premier jour concernant telle ou telle chose de la vie. L'émerveillement initial cède la place à la résignation, un jeu amuse un temps puis finit par agacer.

Il en fut de même pour ma complaisance dans la solitude accentuée qui fut la mienne après ma fuite du milieu familial. Au bout de trois ou quatre ans, je commençai sérieusement à tourner en rond, ne parvenant plus ou de plus en plus difficilement à meubler cette solitude, à lui donner un sens, à en ressentir du piment, du relief, de la constructivité. Mon travail psychothérapique personnel était achevé, même si dans l'absolu ce travail-là n'est jamais achevé, sinon dans ses grandes lignes, mes ouvrages de spiritualité étaient lus et relus en long, en large et en travers, commençaient un peu à m'ennuyer du reste...

J'en ressentis logiquement et de plus en plus le sentiment d'arriver en bout de course, en fin de parcours. Ma perception du caractère jusque-là positif de la solitude en prit un coup, je relativisai progressivement cette réalité qui avait été mienne jusqu'alors, et qu'une interpellation terrible vint transfigurer. Et maintenant que fais-je ? Où en suis-je ? Et tout ça pour quoi finalement ? Et toujours la même question de fond : peut-on vivre dans une complaisance solitaire éternelle, sans épanouissement relationnel, un être peut-il en somme définitivement se suffire à lui-même ? J'avais cru que oui mais nuançai de plus en plus ce présupposé sans doute immature de ma part... Affirmer qu'une certaine amertume me marqua au fur et à mesure de cette prise de conscience relèverait de la litote... J'avais pensé finir ma vie bienheureusement dans une situation relativement complaisante de vieux garçon entouré des seuls compagnons qu'eussent représenté les livres, les films et les chansons. Sans doute certaines personnes parviennent-elles à s'accommoder d'un tel modus vivendi. Mais il ne pouvait s'agir là de mon destin définitif. D'autres chapitres demandaient encore à s'écrire au livre de ma vie, je rêvais du moins à l'idée qu'ils se déploieraient dans une lecture existentielle prolongée, dont le point final n'était pas encore pour aujourd'hui. Mais comment faire pour tourner une page lourde apparaissant comme l'ultime chapitre inextricable d'une existence sans but ?

Cette solitude positive n'aura été qu'une phase transitoire, tout à fait nourrissante et constructive au début, certes, mais dont il fallut qu'elle me servît de tremplin, de marchepied pour bondir vers autre chose ! Ce ne pouvait être une situation définitive, mais je ne le compris qu'ensuite. Cette compréhension fut un bonheur et j'attendis de l'avenir qu'il me confirme ce bonheur ou l'avorte et me déchoie définitivement. Ce serait quitte ou double, il n'y aura aucun compromis possible.

***

Il fallait que je change de vie, quand bien même j'emporterais mes paramètres personnels dans mes bagages. Puisque ceux-là demeureraient à mon grand dam inchangeables, au moins certaines circonstances extérieures m'apporteraient-elles peut-être un apaisement dont j'étais avide. Une nouvelle option existentielle, un sursis pour ne pas mourir à trente ans et retarder l'échéance. Un palliatif, aussi improbable qu'illusoire, à la solitude, à l'ennui et à cette impression de tourner en rond qui m'étouffait.

J'avais l'habitude, depuis plusieurs années, de me rendre régulièrement sur Lille, c'est là que j'y avais laissé des bases de vie du temps où j'étais étudiant, c'est là également que je vivais un semblant de vie sociale, c'est là que je respirais un peu en m'extirpant du bourbier rural où j'étais retourné m'enliser au sortir de la vie étudiante. Au bout de quelques années marquées d'incessants allers-retours autoroutiers entre mon bled et cette métropole, prenant conscience du ridicule de la chose, l'idée d'aller y emménager m'apparut comme une évidence soudaine.

En réalité, c'était un juste retour des choses : étant étudiant, je m'étais imaginé faire ma vie sur la région lilloise, au sein de cette métropole millionnaire tellement foisonnante de vie et d'activités. Jamais je n'aurais imaginé, à ce moment-là, me réinsérer au cœur du pays rural abritant, et mes origines et ma naissance et ma jeunesse. Mais un choc psychologique survenu au dernier jour de mes quatre années estudiantines me déstabilisa au point de me dégoûter de ce monde urbain avec tout ce qu'il signifie de délinquance et de dépravation potentielles. Le monde rural, avec tout ce qu'il m'évoqua d'austérité purifiante, de calme apaisant, de retour aux sources, me donna envie d'y traîner à nouveau mes guêtres, de m'y réimplanter.

J'étais à des années-lumière, à ce moment-là de ma vie, de m'imaginer que, quelques années plus tard, je ne demanderais qu'à le fuir à nouveau. Cette période d'austérité rurale n'aura été finalement qu'une parenthèse aberrante, huit années enrichissantes puis mortifères avant de boucler la boucle et de reprendre le fil logique de ce que j'avais ébauché étant étudiant sur la région lilloise. Il me fallut un déclic psychologique pour boucler cette boucle justement.

Ce déclic fut le décès de mes grands-parents maternels, décédés tous deux à un mois d'écart, l'un puis l'autre autour de l'anniversaire de mes vingt-neuf ans. Ils représentaient pour moi la dernière attache familiale, l'ultime amarre qui, symboliquement, me raccrochait encore au port familial. Je n'avais plus qu'eux comme semblant de famille, leur rendant régulièrement visite dans la résidence villageoise où ils vivotaient maladroitement, laborieusement, jusqu'à s'y éteindre à bout de souffle. Une fois cette amarre larguée, plus rien ne pouvait m'empêcher de prendre le large ! Leur disparition signifia pour moi la fin d'une époque, une page définitivement tournée, l'enfance irrémédiablement révolue et, emportés avec elle, ses paysages mélancoliques, son austérité rurale et affective, son délestage dans le passé. Mon futur ne pouvait guère s'y déployer.

Quelques mois auparavant, déjà, j'avais ressenti vaguement cet appel du large, le sentiment d'arriver à essoufflement dans cette maison monacale qui abritait depuis trois ans ma solitude. Je me pris d'imagination pour des contrées lointaines, pour d'autres villes, d'autres paysages, l'envie de tout lâcher et de viser d'autres horizons. Ce fut une impression brumeuse en mon âme, une idée qu'on se fait comme ça, vaguement, sans penser une seconde qu'elle puisse un jour se concrétiser. Cette maison où j'avais tant trimé, que je m'étais tant acharné à rendre coquette et bienheureuse, m'apparut progressivement comme un accomplissement dérisoire et un poids encombrant. Les déboires de ma vie personnelle n'ont pas arrangé ma vison des choses en la matière : alignant fiasco sur fiasco au plan amoureux, je relativisai de plus en plus le caractère nourrissant et accomplissant que la réalisation matérielle d'un être peut lui procurer. Toucher de bons salaires, être propriétaire d'une maison, pour connaître en parallèle le désastre moral d'une vie relationnelle chaotique et sans aboutissement : quelle conclusion tirer de tout cela ? Cette petite maison joliment arrangée, dressée au beau milieu d'un désert affectif, m'apparut de plus en plus comme un tas de briques encombrant, rien de plus. La mort de mes grands-parents, survenue quelques temps après, résolut cette équation en attente : une fois enterrés, l'idée du départ me vint en pleine conscience et je mis cinq mois à me décider une bonne fois pour toutes.

Je mûrissais de jour en jour ce projet, évitant de me hâter dans ma décision. Une décision sur laquelle je revenais parfois, craignant de le regretter après coup. Je redoutais également de me lancer dans une aventure trop périlleuse et, surtout, de laisser derrière moi la sécurité matérielle que j'étais modestement parvenu à acquérir. Laissant passer l'été, un été où je suffoquai une fois de plus de chaleur et d'ennui, c'est en septembre que subitement, un dimanche soir, tournant en rond dans ce château au milieu du désert, je me dis subitement : il faut que je le fasse, que je franchisse le pas, je ne peux plus continuer à vivoter comme ça ou j'y laisserai ma peau.

Mon changement de vie serait total : changement de domicile, laissant une maison pour un appartement, changement de cadre socioculturel, délaissant l'immobilisme rural pour l'effervescence urbaine, changement de travail, passant d'un boulot de plongeur dans une cuisine de restaurant à quelque chose de nouveau et différent, mais inconnu pour l'instant.

Transformer une existence dans son intégralité, mettre un terme à une vie pour en débuter une autre, n'est point chose aisée : comment faire les choses, par où commencer, dans quel ordre effectuer les étapes successives d'un tel chambardement ? Je retournais la question dans ma tête sous tous les angles et toutes les coutures et une seule option, au final, rendait cet accomplissement possible : la vente de cette maison devenue encombrante. Ma situation s'avérait en effet complexe dans son présent et complexe à démêler pour en faire découler un éventuel futur !

Je travaillais depuis des années dans un restaurant belge qui me procurait de bonnes rémunérations pour le labeur ingrat que j'y fournissais. Cette situation confortable m'avait permis de devenir propriétaire, une première charge financière à assumer. Ce n'était pas tout : en entreprenant de multiples travaux de modernisation et d'aménagement de cette vieille demeure, j'accumulai prêt sur prêt, autant de charges supplémentaires à assumer mensuellement. Sans m'en rendre compte sur le coup, je me retrouvai progressivement prisonnier financièrement de mon travail dont seuls les salaires avantageux, bien supérieurs à ceux perçus pour un emploi équivalent en France, me permettaient d'assumer ces prêts multiples que j'avais contractés. Je ne pris conscience que tardivement, finalement, qu'il s'agissait là d'un piège infernal qui se refermait sur moi : j'étais esclave de mon travail, je ne pouvais pas le quitter. J'étais ainsi condamné à passer, sinon le reste de mes jours, du moins de longues années encore, à trimer comme un bœuf de labour au milieu des casseroles et des marmites dégueulasses. Et c'était un travail que justement je ne supportais plus, ni physiquement, ni moralement, dont je ruminais depuis un moment déjà le fait de m'en libérer. Un départ professionnel auquel j'aspirai parallèlement à mon départ géographique, tout coïncidait en moi pour une fois ! Je ne pouvais changer de travail avant de changer de domicile, la vente de ma maison s'avérait donc, en conclusion, la première étape essentielle et imparable qui permettrait aux autres d'ensuite en découler logiquement. Je quitterais donc ce maudit poste de plongeur une fois la vente de cette baraque assurée : le bénéfice obtenue lors de cette dernière me permettrait d'avoir de quoi vivre en attendant de trouver un nouvel emploi, de replonger dans cet enfer du réel !

Je ne me posai pas la question de savoir à qui vendre ma maison, je le savais déjà. Cela m'évita ainsi de devoir en passer par les démarches classiques et laborieuses des offices notariaux et autres agences immobilières. Je vendrais ma maison à ceux à qui je l'avais achetée, ces derniers m'ayant fait comprendre depuis un certain temps que, encombrés par leur grande demeure bourgeoise et aspirant à dénicher un logement plus petit, ils lorgnaient sur celle qu'ils m'avaient vendue quatre ans auparavant. Je leur annonçai ma décision de quitter mon logement et nous nous mîmes ainsi d'accord en bonne intelligence : ma maison leur reviendrait de fait, une fois la leur vendue. La décision de mon départ étant certaine en septembre, c'est en novembre qu'ils entreprirent la mise en vente de leur grande baraque inchauffable et que les photos de cette dernière fleurirent les vitrines des agences immobilières. Je me retrouvai ainsi suspendu à la vente de cette maison-là, impérative pour qu'ait lieu celle de la mienne. Je l'ignorais à ce moment-là mais, un an plus tard, les photos de cette bâtisse n'auraient toujours pas quitté les vitrines des agences immobilières...

Dans mon idée, en cet automne 2009, ça n'était qu'une question de quelques jours, voire quelques semaines, pour que l'affaire soit conclue. Comme j'étais naïf ! Je m'étais imaginé qu'une telle demeure, une maison de maître, mise en vente à un prix plus que raisonnable, « partirait » en un rien de temps. Le temps s'écoula, moi je coulai...

Entre la décision de mon départ et l'effectivité de ce dernier s'écoulèrent exactement quinze mois. Quinze mois d'attente interminable, quinze mois de combat moral quotidien contre le naufrage personnel et la tentation d'un autre départ : celui dont on ne revient pas...

J'achevai pourtant l'année 2009 sous de bons auspices, dans un état d'esprit positif et conquérant, mais tout s'effondra lentement les semaines suivantes. Inconsciemment, je me mis à faire le deuil de cette partie-là de ma vie. Par ailleurs et surtout, le déclic permettant mon changement d'existence, en l'occurrence la vente de la maison de ceux qui achèteraient la mienne, n'arrivait pas. Je ne voyais rien poindre à l'horizon. Je vivais suspendu quotidiennement à mon téléphone portable m'annonçant peut-être aujourd'hui, qui sait demain, une heureuse nouvelle qui ne voulait pas venir. Je l'attendais avec la foi des prisonniers qui survivent, enfermés dans leur geôle, dans l'attente d'une libération dont ils ne savent pas quand elle se produira enfin.

Si ma vie d'alors m'avait encore convenue, si le départ auquel j'aspirais ne s'était pas avéré vital pour moi, une telle attente n'eût guère été problématique, je m'en serais accommodé avec patience et bienveillance. Mais voilà, je ne supportais plus cette vie qui n'en était plus une, c'était un dégoût viscéral. Mon comportement s'en ressentit progressivement, je devenais de plus en plus irascible, caractériel, tout me stressait et m'insupportait, jusqu'aux moindres détails du quotidien. Je fumais de plus en plus, alors que j'avais bien diminué les années précédentes, et renouai avec le démon de mon adolescence : l'alcool…

C'est au tout début de l'année 2010 que je sombrai progressivement, l'air de rien, dans une spirale psychologique de mort. J'avais le sentiment d'être en fin de vie, en fin de parcours, en bout de course. Ma vie à ce moment-là ne me procurait plus rien et j'étais suspendu à l'idée d'un avenir plus qu'improbable en cet hiver implacable, un avenir dont aucun signe avant-coureur ne m'annonçait la concrétisation. J'étais comme Christophe Colomb au beau milieu de l'Atlantique, croyant ardemment en l'existence d'une terre inconnue étendue plus avant, qui le délivrera de son errance océane, mais que la vigie, chaque jour à l'affût, n'annonce jamais ou à tort. Il sait qu'il y aura sans doute un jour de la terre, mais ignore totalement les distances qui le séparent encore d'elle. On avance, on tient le coup, encore un jour, encore une semaine, mu par l'instinct de survie et l'espoir d'un autre lendemain, qui tarde par trop à venir. Si encore j'avais eu une date précise comme point de mire auquel me raccrocher, en fonction duquel me situer, m'apportant la certitude qu'un jour je serais délivré, mais non, j'avançais dans l'inconnu le plus total. Je n'avançais que temporellement d'ailleurs, mon existence ne se définissant plus que par un immobilisme insoluble.

Il est insupportable de vivre dans un tel état d'esprit, dans un tel rapport à l'existence. C'est ce qu'on appelle survivre, c'est ce qu'on appelle une non-existence. On ne se conçoit plus dans le ici et maintenant, mais dans un ailleurs illusoire, hypothétique, improbable. Dans ma tête, je me voyais déjà dans cette autre vie plus ardente, plus sécurisée, plus encadrée socialement que m'apporterait le fait de gagner la grande ville. Mais en attendant, je demeurais ici, dans ce bourbier rural, dans cette solitude absolue, dans ce quotidien d'une platitude consternante, condamné à trimer encore et encore, comme un esclave exploité par ses patrons. C'est ce décalage existentiel entre la vie rêvée que j'attendais, dans laquelle j'étais déjà psychologiquement, et ma vie réelle, qui se poursuivait malgré moi et se heurtait à mon mental déjà extrapolé vers d'autres horizons, qui était humainement intenable. Encore et toujours cette impossible adéquation avec le réel. Je n'ai jamais su jouir pleinement du présent, ayant toujours vécu davantage dans le passé et dans le futur. Constamment absorbé mentalement par l'avant et par l'après, jamais par le maintenant. À la fois retenu en arrière par le poids d'un passé handicapant et simultanément aspiré vers un avenir hasardeusement échafaudé de perspectives improbables, je ne parviens guère à savourer l'adrénaline du présent. Je tente aujourd'hui maladroitement de me recentrer sur ce dernier.

La spirale de mort vers laquelle je glissais irrémédiablement, la tentation d'un départ irréversible pour fuir ma vie devenue insupportable, faute d'un départ pour une autre vie, s'ancra de plus en plus gravement en moi au fur et à mesure du temps avançant mais ne m'apportant rien. Si ce n'est la promesse d'un néant que rien ne semblait vouloir combler. Cela ne faisait que deux mois que la maison était mise en vente, mais suffit à me faire prendre la pente descendante. Moi qui avais initialement songé qu'en quelques jours l'affaire serait bâclée… Cette maudite bâtisse, personne n'en voulait ! Les visites se multipliaient, j'avais régulièrement des informations quant aux visites prévues et, avec elles, l'espoir qui renaissait en moi, puis d'autres informations quant aux renoncements des visiteurs à signer un compromis de vente et, avec eux, le désespoir qui revenait se loger en moi. Ce yoyo émotionnel incessant entre espoirs et désespoirs, enthousiasmes et déceptions, me consuma des mois durant.

Je vécus ainsi la première moitié de cette année 2010 dans un état d'esprit de sursis, d'ultimatum, de mise au pied du mur. Puisque mon départ pour une autre vie demeurait pour l'instant impossible et que ma vie présente me donnait envie de vomir, l'ayant usée jusqu'à la corde de tout ce que je pouvais en tirer, s'offrait à moi une autre possibilité de départ, une autre sortie de secours. Un départ cette fois-ci définitif et irréversible. La tentation du suicide m'avait déjà malmené à mon adolescence, puis l'année de mes vingt-quatre ans, juste avant de quitter mon milieu familial, c'était une emprise psychologique qui ne m'était pas étrangère, je l'avais déjà connue. Depuis cinq ans, elle avait totalement disparu de ma psyché, j'avais trouvé un relatif équilibre ayant permis cette évacuation. Cette fois-ci, au seuil de mes trente ans, elle se redéversa sur moi comme une vague noire contre laquelle on ne peut rien, me dévasta tel un tsunami balayant tout sur son passage.

Je m'identifiai totalement à ce qu'endura Dalida les derniers mois de sa vie, qui aboutiraient au geste fatal que l'on sait. Son compte à rebours avec la mort avait commencé bien avant son passage à l'acte. Ce ne fut pas un geste spontané, l'idée lui trottait dans la tête depuis un bon moment déjà. Son passage à l'acte ne fut que la conclusion, malheureusement assez logique et prévisible, de la déchéance morale qui rongea cette femme jusqu'à l'engloutir, la dernière année de sa vie. Depuis trois ans déjà, elle s'enlisait progressivement dans un schéma psychologique de fin de vie, le sentiment d'arriver en bout de course, que l'avenir ne pourrait plus rien lui apporter. Lassée et saturée par un métier plus qu'absorbant qui l'accaparait sans merci depuis plus de vingt-cinq ans, alignant fiasco sur fiasco dans sa vie amoureuse, elle se retrouva ainsi prisonnière, et de sa vie publique dévorante, et d'une fatalité psychanalytique la condamnant à ne jamais trouver d'épanouissement véritable en amour. Sa seule perspective d'avenir, une fois passée la cinquantaine, consistait donc à vieillir seule en demeurant esclave d'un métier lassant et stressant dont elle ne pouvait pas, ou que très difficilement, se défaire. Elle en avait sa claque de tout ce cirque, mais ce cirque représentait finalement sa seule raison d'être, ne pouvant se rabattre sur rien d'autre d'ordre privé lui permettant d'éprouver le sentiment de s'accomplir. C'était un cercle vicieux dont elle fut par trop consciente et préféra y trouver une ultime échappatoire, aussi irréversible fut-elle.

Je pense que Dalida devait relativiser de plus en plus, au soir de sa vie, ce que peut représenter la réussite matérielle d'une existence. Eu égard aux détresses et amertumes abyssales vers lesquelles les paramètres beaucoup plus intimes et privés de sa vie l'ont amenée à sombrer. Tout ça pour quoi finalement ? L'accomplissement professionnel, le gain financier, une belle et grande maison, oui d'accord c'est bien joli, mais tout cela accumulé au gré d'une existence humainement désastreuse... Cette femme acheva sa vie en étant torturée par ce contentieux intérieur sans fin entre le sentiment d'avoir extraordinairement réussi sa vie d'un côté et le sentiment de l'avoir épouvantablement foirée de l'autre. Qu'est-ce qui est le plus important au bilan d'une vie ? Les derniers temps, c'était la femme qui était en demande, demandes intimes et affectives, plus la vedette qui, elle, a eu son comptant de belles robes, disques d'or et grands spectacles. À la fin, ces artifices ne pouvaient plus la combler. L'accomplissement matériel d'une existence n'a de sens et de valeur que si celui-ci est soutenu à sa base par un accomplissement relationnel et affectif. C'est cela qui fait tout et qui nourrit le plus un être. La disparition volontaire de Dalida en apporte la confirmation cruelle.

Au seuil de mes trente ans et à ma très modeste échelle, je ne pus que m'identifier à cette dialectique. Je contemplais mes fiches de paie grassement chiffrées, ma maison magnifiquement agencée en me posant amèrement la fatale question du tout ça pour quoi finalement ? Dans une solitude totale, au sortir d'un échec amoureux cuisant qui m'assomma l'été de mes vingt-huit ans et dont l'affectation viscérale me tord les boyaux encore aujourd'hui, je perçus puissamment le caractère illusoire et surtout pathétique de l'accomplissement matériel, aussi modeste fut-il, de cette partie-là de ma vie. J'entamai ainsi mon entreprise de dématérialisation, de détachement vis-à-vis des réalités concrètes de l'existence. Je n'avais certes jamais été beaucoup matérialiste dans l'âme, ayant toujours été en quête dans l'existence de nourritures beaucoup plus spirituelles que matérielles. Les belles voitures, les fringues à la mode, les grands voyages : tout cela me laisse de marbre, ne me procure rien. Par contre, un livre, une musique, une émotion, me nourrissent existentiellement incroyablement plus et, surtout, me procurent infiniment plus ardemment l'impression d'exister. Un an après, ce détachement de mon être vis-à-vis des paramètres matériels de la vie s'affirme plus que jamais.

En attendant, prisonnier de cette demeure inerte où je croupissais, les derniers mois que j'y vécus, tel un fantôme hantant un vieux château, je voyais arriver l'échéance de la trentaine. Ce qui n'arrangea pas l'état d'esprit déjà morbide qui montait en moi en cet hiver malsain. Ce n'est qu'un chiffre, certes, mais symbolique d'un nouveau passage et de la fin d'une époque. Ce qui accentua chez moi le sentiment d'arriver en fin de parcours, de tenir encore vaguement debout juste avant l'effondrement final. Je me nourrissais sans cesse, irrésistiblement, d'images et de musiques malsaines alimentant mes idées noires et ma dépression suicidaire. Je somnolais chaque soir en ma demeure comme un mort-vivant errant en son tombeau, déambulant en peignoir au travers des magnifiques pièces tamisées, emplies de fleurs comme le sont les chambres d'hôpital ou les tombes d'un cimetière. Je vivais de plus en plus en décalage avec le cycle naturel de la vie, me couchant de plus en plus tard, jusqu'au plus profond de la nuit, ayant toutes les peines du monde le lendemain matin à y retourner vers cette vie. Incapable de me motiver, de trouver la force et l'enthousiasme pour me sortir de ce trou à rat et accomplir ce que la vie exige de travail et d'obligations multiples.

Vivant quasiment plus la nuit que le jour, plus enfermé qu'extériorisé, je m'asphyxiai de moi-même, privé de soleil et d'oxygène, englué dans mes ruminations glauques et sombres, sans soupape de décompression, sans catharsis, sans issue de secours. Hormis celle que j'attendais avec la fuite de ce maudit sanctuaire, hormis l'autre, irréversible, qui m'obsédait jour après jour. Je tentais coûte que coûte de résister à cette spirale vers laquelle je me sentais irrépressiblement happé. Je tentais désespérément de trouver des raisons de ne pas passer à l'acte. Je me raccrochais à l'idée que d'autres gens attendaient cette demeure pour s'y installer, une fois son air vicié évacué. Si je crevais maintenant, tout ce que je possédais alors matériellement serait revenu à mes géniteurs, ce que je ne pouvais admettre. C'est ce refus-là qui m'a tenu en vie et farouchement dissuadé de tirer ma révérence à ce moment critique de ma piètre existence et ce, malgré les tentations psychologiques quotidiennes me torturant l'esprit en m'intimant cela.

Je macérais incessamment dans un ennui chronique épouvantable, ne sachant à quoi occuper mon temps une fois les obligations du quotidien effectuées. C'était une lutte sans merci contre ce poison existentiel qu'est justement l'ennui. L'impression de vide personnel, de vacuité insoluble, de néant illimité que rien ne semble parvenir à meubler d'une façon ou d'une autre. L'impression de démotivation généralisée inhérente à la dépression ne fit qu'en enfoncer le clou. Si encore j'avais habité au sein d'un contexte socioculturellement plus vivant, si encore j'avais eu ce qu'on appelle une famille ou des amis, peut-être eussé-je respiré davantage. Et encore, ma solitude nourrissait ma solitude, l'absence de l'autre nourrit son aliénation de notre esprit, je rejetais les quelques rares possibilités de contacts que les circonstances de la vie m'offraient parfois, ne sachant plus ce qu'est l'autre et quel comportement adopter en sa présence. Incapable désormais de jouer le jeu social, le simple fait de sourire, de discuter ou de paraître convivial s'avérant à présent au-dessus de mes forces.

Je ne parvenais à communiquer que virtuellement, sur le net, avec les quelques connaissances que j'avais tout de même. Je leur confiais parfois, en atténuant toujours la gravité de mon cas, les déboires moraux et les instincts de mort qui étaient alors les miens. Beaucoup me conseillaient de consulter un médecin ou un psychologue. Cela ne m'était pas venu à l'esprit le moins du monde, ayant dans l'idée que mes problèmes se situaient dans ma tête et dans mon contexte de vie, leur éventuelle résorption ne pouvant s'opérer par la grâce d'une pilule miracle. Quant à un traitement psychothérapique, il s'eût avéré stérile dans mon cas. Bien qu'on dise que le fait de parler peut soulager, pour ce qui me concerne, c'est le contraire qui se serait produit. Parler me faisait mal et la confession verbalisée de mes maux n'eût fait qu'en fouiller la merde sans l'oxygéner. En outre, j'avais déjà fait le tour de mes problématiques, aucun psychothérapeute n'aurait pu me faire franchir de stade supérieur, en l'occurrence inexistant, lesdites problématiques s'avérant intranscendables. J'étais purement et simplement engoncé dans un cul-de-sac existentiel au fond duquel seul mon changement de contexte de vie pût faire apparaître un semblant de sortie de secours. Ma psyché, quand bien même dans sa paroxystique subjectivité, était parvenue à saturation des derniers ressorts que j'en avais épuisés.

Le fait de souffrir de solitude mais aussi de rejeter parallèlement et paradoxalement les possibilités d'échappatoire à cela, le fait de ne plus pouvoir supporter sa solitude autant que la présence de l'autre, fut pour moi une condamnation sans appel, le constat d'une fatalité insoluble, un puits de désespoir sans fond. Et surtout une raison immédiate de suicide.

C'est au jour précis de mes trente ans, le 18 mars 2010, que j'atteignis moralement le fond du trou. Si j'avais eu sur moi, ce jour-là, un revolver, je ne serais plus de ce monde aujourd'hui, c'est une évidence. J'étais sorti ce jour-là dans un lieu de sociabilité pour dire de marquer le coup et de voir un peu de monde. Je ne fis qu'y stagner dans un état mental et physique prostré, blindé, mortifié. Si j'avais le malheur de fermer les yeux, je n'entrevoyais que ma mort. Une de mes connaissances tenta de me remonter le moral et de me convaincre de consulter un médecin, mais je demeurai imperméable à ses arguments. Je tentai aussi de boire un verre pour dire de céder au principe de festivité, mais ce verre me rendit malade au point d'en vomir juste après. Tout mon organisme, dans ses paramètres aussi bien spirituels que charnels, était dévoré de douleur. J'étais incapable de sourire, de faire semblant d'être joyeux et convivial, c'était au-dessus de mes forces.

Je ne savais plus quoi faire, ne supportant plus rien, aussi décidai-je de m'en aller rapidement pour marcher un peu dans la ville endormie. Cette atmosphère urbaine nocturne m'a toujours procuré une merveilleuse impression d'apaisement, de sécurité. C'est comme un baume réparateur : ressentir le vent du soir, contempler cette immensité urbaine adoucie par le ralentissement des activités et le jaillissement des éclairages multiples qui la constellent. Cela n'y fit rien. J'errai au travers des rues dans un état mental de désespoir absolu, ressassant dans ma tête, une fois encore, le sentiment d'échec et de cul-de-sac de ma vie, ne percevant aucune issue à mon impasse existentielle.

En désespoir de cause, n'ayant plus aucun autre recours, me raccrochant à cette ultime bouée de sauvetage, je me résolus à me tourner vers l'option que certains m'avait conseillée, mais que j'avais jusqu'alors écartée. L'automatisme de cette démarche m'était étranger, étant depuis toujours habité par cette idée que les choses du réel me sont inaccessibles, que je n'y ai pas droit. Je pris rendez-vous chez un médecin, ne serait-ce que pour bénéficier d'un autre son de cloche que le mien et du point de vue d'un professionnel sur mon cas désespéré. Il diagnostiqua un « état dépressif franc » et me prescrivit des antidépresseurs. C'était la première fois de ma vie que je recourais à une aide chimique, ayant toujours été très réticent à ce genre de chose. Cela me soutiendrait physiquement, me dynamiserait indéniablement, mais ne résoudrait aucunement mes problèmes de fond. S'il y a des soucis au niveau du moteur, ce n'est pas un coup de starter, quand bien même il aiderait au redémarrage, qui pourrait miraculeusement réparer la voiture.

La redynamisation fut lente, le renflouage laborieux. Les mois de mars et avril furent désastreux. Un calvaire de fraîcheur printanière vide, empreinte de néant morbide. J'attendais encore et toujours la nouvelle bénite m'annonçant la vente de la maison qui entraînerait, et celle de la mienne et mon départ vers une nouvelle vie. Cette nouvelle n'arrivait toujours pas, je patientais maintenant depuis des mois.

Afin de sortir autant que faire se pût de mes quatre murs, aspirant à évoluer en d'autres cadres plus vivants et lumineux, je me rendis à plusieurs reprises à la piscine. Je me disais qu'un peu d'activité physique, un peu de contact humain, ainsi qu'une diminution de ma consommation de tabac, m'apporteraient un souffle bienvenu dans mon existence insalubre. Pauvre de moi, quelle désillusion ! Je ne fis qu'y déambuler machinalement dans un état d'esprit glacialement prostré, au sein de cet univers froid et humide, seul, totalement seul, nageant sans savoir pourquoi, au milieu du spectacle des gens s'ébattant là en famille ou entre amis. Devant cette contemplation du partage que vivent les autres et que moi je ne vivais pas. Cela ne faisait qu'exacerber la douleur de ma solitude. Ce type de contexte monacal, aux grands espaces vides, frappés seulement de l'écho de l'eau et des voix cloacales, peut accentuer une propension déjà dépressive au moment où l'on achète son ticket. Trois semaines avant son suicide, Dalida était en thalassothérapie. Les témoins l'y ayant croisée gardent souvenance d'une femme seule, prostrée, mutique, blindée. Elle était déjà vidée intérieurement, au bout du bout, au seuil de cette échéance qu'elle retardait depuis des mois. Seul et immobile parmi la foule de la piscine, je ne pensais qu'à elle.

Le fait de devoir aller à mon travail me pesait monumentalement, je n'y supportais plus ni la tâche à effectuer, ni les rapports aux autres, ni la mentalité qui y régnait, avec laquelle je me sentais en profond décalage. Le lendemain de mon désastreux anniversaire, je dû m'y rendre contraint et forcé, obstrué au fond de moi par une souffrance morale inqualifiable. Je faisais tout pour la dissimuler au maximum, me sentant incapable de répondre aux questions que l'on m'eût fatalement posées. Aux inévitables *bon anniversaire* que l'on me souhaita, je trouvai en moi la force surhumaine de sourire et de dire merci. Intérieurement j'étais plombé.

Seule la vente de ma maison pouvait déterminer la date de ma démission. Je n'attendais que cela. Les allers-retours incessants, pour cause d'horaires en coupure, m'irritaient à en avoir les mains qui tremblent et à fumer clope sur clope tout le long du trajet. Sans parler de la hantise que j'éprouvais à ce que ma voiture me lâche subitement, comme c'était déjà arrivé, ce à quoi mes patrons avaient réagi sans indulgence, ne m'adressant que de maigres et glaciales paroles de condescendance et de menaces. Ce climat accentuait, d'une part, l'urgence pour moi de quitter cet enfer de vaisselle et, d'autre part, mon angoisse grandissante vis-à-vis de la solitude matérielle et du fait de ne pouvoir compter sur personne en cas de pépin. Absolument personne. Cette prise de conscience soudaine m'affola subitement et accrût la peur et la tension quotidiennes dans lesquelles je survivais.

Le printemps, saison du renouveau, du réchauffement, du refleurissement, fut pour moi, cette année-là, une aliénation existentielle totale. Tentant de meubler ma vacuité tant bien que mal, croyant bien faire en trouvant un peu d'air pur rafraîchissant et de contact avec le monde extérieur, j'allai à plusieurs reprises errer le long du littoral, marchant indéfiniment vers nulle part, au gré de cette côte alanguie de la mer du Nord. J'emportais sous mon bras la biographie de Dalida, bible de ma table de chevet, aux pages jaunies et cornées tant elle a été travaillée. Un ouvrage d'une richesse psychologique et existentielle rare. Je le tenais serré contre mon cœur, comme un talisman unique, un compagnon dans mon errance littorale.

Attablé à une terrasse de café à peine sortie en ce début de printemps, j'écumai mon temps oisif à feuilleter les pages sombres de cet ouvrage, sous le pâle soleil ennuagé d'avril. J'éprouvais le besoin vital de me raccrocher à cette perle de lecture qui me permettait d'être en contact, aussi illusoire et virtuel fut-il, avec quelqu'un ayant vécu la même détresse existentielle que moi. Mais cette béquille sur laquelle je m'appuyais dangereusement me faisait chavirer en même temps. C'est tout l'effet pervers de la chose. Lisant et relisant sans cesse les mêmes passages d'envie de mort, de tentation suicidaire, de chancellement au bord du gouffre, de tentative de suicide, de coma, de résurrection hospitalière puis de replongée plusieurs années après, de fatalité de ses schémas insolubles, de sursis avant la fin, de passage définitif à l'acte.

J'en avais la nausée, je dus m'enfuir. Je réglai la note au garçon de café et rejoignis ma voiture. Je n'oublierai jamais l'état dans lequel je plongeai au gré des quelques centaines de mètres que je parcourus alors. Consumé par un désarroi puissance mille face à la vie, face à cette digue littorale, face à ces commerces touristiques, face à ces enfants jouant sur la plage. Habité par une perception existentielle de néant total, comment trouver un sens à tout cela, comment me situer vis-à-vis de cette horreur, comment y adhérer, comment parvenir à en éprouver une once d'engouement... La vie me terrifiait dans son inaccessible atteinte, dans l'impossibilité définitive pour moi de me sentir en adéquation avec elle. En contemplant horrifié les colossaux immeubles d'architecture littorale qui se dressaient devant mes yeux effarés, un sentiment de détresse absolue me submergea. Il n'est pas de mot pour qualifier ce qui me dévora jusqu'au paroxysme du désespoir en cette fin d'après-midi éreintée du vent glacial qui perdure aux temps équinoxiaux. J'eus véritablement le sentiment ce jour-là de toucher la frontière de la folie. Perdre pied avec le réel, voir s'effacer autour de soi toute forme de repère ou de point d'appui, ne plus rien avoir à quoi se raccrocher, basculer vers une annihilation définitive de moi dans le réel et du réel dans moi.

En rentrant chez moi en début de soirée, tremblant de part en part, vidé intérieurement, bouffé de stress, je dus prendre des calmants qui m'apaisèrent miraculeusement. Ce soir-là, j'aurais voulu m'endormir pour toujours.

Comment suis-je parvenu à revenir de cet abîme de désespérance, de ces oubliettes existentielles au fond desquelles j'avais sombré ? Où ai-je trouvé la force de remonter vers la surface pour inhaler à nouveau l'oxygène de la vie ? Je n'en sais absolument rien, seulement que j'y suis très lentement parvenu, que plusieurs mois furent nécessaires. La foi en un avenir et les antidépresseurs y contribuèrent volens nolens. Au mois de mai, je décidai de m'occuper de cette maison dont j'attendais qu'elle ne soit bientôt plus la mienne. Cela me permettait, par la même occasion, d'occuper mon temps de manière utile et constructive, en faveur de ceux qui deviendraient les nouveaux propriétaires, des gens que j'appréciais par ailleurs, mais qui ne m'apportaient toujours aucune nouvelle positive quant à la vente de leur habitation, que j'espérais depuis maintenant cinq mois. Aucun indice ne persiflait à l'horizon… Désabusé, je passai mon temps libre à peindre et à tapisser, au moins je m'activais et errais un peu moins dans cette épouvantable impression de vacuité qui m'asphyxiait que je ne demandais qu'à exorciser. Je m'enquérais auprès de mes successeurs de leurs préférences en matière de couleur et d'agencement, ayant à cœur de leur laisser une jolie maison qui leur plairait, n'ayant plus moi-même ce souci depuis longtemps, dégoûté désormais de cette demeure respirant la mort. Je ne pouvais imaginer, à ce moment précis, qu'en réalité ils n'y emménageraient jamais. Que, dans une audace ultime que personne ne vit venir, pas même moi, je bousculerais au final le scénario initial…

J'espérais vivement être parti pour le mois de juin maximum, je ne me voyais certainement pas endurer un été de plus dans ce sanctuaire. Supporter ces longues et chaudes journées sans exutoire possible, cette saison de sécheresse et de mort, sans pouvoir la vivre sous l'angle de la vie, des vacances et des sorties, mais en la subissant enlisé dans mon marasme de solitude rurale. Affronter qui plus est une « saison » de plus, au sens commercial du terme, dans cet effroyable monde de la restauration où je me tuais à la tâche depuis sept ans. Qui dit « saison » dit trois fois plus de travail à assumer, accablé de chaleur dans cette cuisine vaporeuse et suffocante. Je me souviens de l'impression de désespoir béant que je ressentis lorsque les patrons nous sommèrent de poser nos congés pour la période juillet-août. Les bras m'en tombèrent : moi qui était résolu à avoir posé ma démission avant cette maudite « saison » et à profiter de mon temps légal de congés pour accélérer ma procédure de départ, pensant que mes déboires immobiliers seraient réglés d'ici là, je me trouvais condamné à poursuivre mon labeur, sans perspective de changement. Je redoutais, aussi et surtout, quatre semaines vacantes synonymes pour moi d'enlisement dans cet ennui asphyxiant que je combattais chaque jour depuis des mois mais qui, cette fois-ci, s'annonçait paroxystique. Je voyais poindre le danger d'une inertie qui accentuerait mon sentiment d'immobilisme et décuplerait mes idées noires.

Car c'est là que se situe tout le paradoxe : je ne supportais viscéralement plus mon travail, quatre semaines de liberté eussent donc, a priori, représenté pour moi un peu de liberté, une coupure bienvenue. Or, la situation mentale et existentielle qui me maintenait en tenaille, en cette période spécifique de ma vie, ne permettait à aucun moment de lâcher la proie pour l'ombre. Ne plus travailler signifiait me retrouver face à moi-même, à mon néant et à l'insoutenable attente qui me taraudait. C'eût été pire que tout. Mon travail, aussi pénible était-il devenu, me structurait malgré tout, en me donnant des horaires à respecter, en me faisant voir un peu de gens, quand bien même je ne les supportais plus, en me forçant à me bousculer le matin pour m'y rendre bon gré mal gré. C'est ainsi que j'avais refusé la proposition d'arrêt de travail que mon médecin m'avait soumise. Je savais qu'il serait pire que mieux pour moi d'arrêter. Et dangereux surtout, très dangereux, à un moment où je flirtais avec la mort. Je continuai donc à bosser sans relâche, dévoré de stress, en proie à une irascibilité à fleur de peau, sous tension permanente.

À mesure que l'été prenait ses quartiers, passant mes journées interminables entre mes quatre murs de fraîcheur, attendant la bénédiction de la fin du jour, la mort ne laissait pas de me hanter. Il fallût coûte que coûte que je les meublasse, ces semaines de néant. Partir en vacances ? Et avec qui ? Voyager m'angoissait et je n'avais pas d'ami, les deux questions étaient immédiatement réglées. Afin de meubler mon ennui et de me stimuler moralement par l'accomplissement d'une démarche porteuse d'avenir, atténuant tant bien que mal mon sentiment d'être arrivé en fin de vie, je commençai à préparer mon déménagement. Un déménagement dont j'ignorais totalement, pour l'heure, la date à laquelle il s'effectuerait. J'espérais septembre…

Je vidai le grenier, fis le tri dans mes papiers, me débarrassai de certains meubles, avide de dépouillement, avide d'épurer cette maison-musée, ce mausolée fastueux que j'avais mis tant de cœur à emplir et à agencer pour décider juste après de le quitter. Ce sont les aléas et les incohérences de la vie : cette demeure n'aura été pour moi finalement qu'un symbole psychologique de construction, d'élaboration et d'affirmation de mon être. Pas un aboutissement en soi. Une fois achevée, l'œuvre est bonne à détruire. Une fois trop parfait, l'édifice devient hors-sujet. Je jetai aux orties l'amoncellement de bibelots fétiches, d'objets inutiles et de plantes superflues qui fleurissaient mon tombeau, ne conservant que le strict nécessaire pour mon logement futur. Je ne le connaissais pas encore, mais savais qu'il serait moins vaste que le mausolée que je m'apprêtais à abandonner, et ne pourrait contenir un tel fatras.

\*\*\*

Y rester eût signifié mourir. J'en suis d'ailleurs aujourd'hui plus que jamais convaincu. Rescapé de cette prison magnifique, défait désormais de cette geôle splendide. J'ai bâti cet édifice comme un pharaon se construit sa pyramide : en prévision d'y être un jour enterré, enseveli entre les murs qu'il a lui-même élevés à sa gloire. Ce n'est qu'après coup que j'en pris conscience bien sûr. Si j'avais pu partir dès le jour de cette décision, je n'aurais pas dû endurer les onze mois d'aliénation existentielle qui furent les miens. Mais je ne regrette absolument rien. La dépression doublée du sentiment de fin de vie pousse l'être jusque dans ses derniers retranchements physiques et mentaux. Jusqu'à se poser des questions qu'on ne s'était jamais posées avant. Jusqu'à sentir ardemment son coeur battre du matin au soir et du soir au matin en envisageant constamment la possibilité qu'il puisse s'arrêter. Jusqu'à entrevoir l'existence sous ses angles les plus acérés qui puissent être, et qui n'avaient surtout jamais été explorés jusque-là. C'est dans la perception extrême de la précarité de la vie, qu'on ressent le plus intensément cette dernière. C'est aux portes de la mort que je me suis senti le plus vivant. En cela ce fut une expérience monumentalement enrichissante.

Je ne puis affirmer cela qu'après coup, revenu de cet enfer. Pas sur le moment, ou alors en me laissant aller dangereusement à une dérive vers la complaisance. C'était ma seule façon d'exister, je n'y résistai pas. Mon médecin m'avait prescrit, parallèlement aux antidépresseurs, des somnifères puissants chargés de remédier au stress permanent qui m'empêchait d'atteindre la tranquillité physique et mentale nécessaire à l'endormissement. C'est comme s'il avait donné des allumettes à un enfant qui ne pourra résister à la tentation de jouer avec le feu. Ces somnifères particuliers ont des effets secondaires hallucinants, c'est le cas de le dire, et transformèrent mon sanctuaire morbide en film 3D. C'était *Avatar* dans ma maison. Tout s'illuminait, tout prenait du relief, les meubles s'animaient, les objets devenaient vivants. J'étais ivre de mon enterrement enchanté, errant dans la grande pièce scintillante, tamisée d'une brume étrange flottant à mi-hauteur, me saoûlant de mes visions insensées. Selon les soirs j'optai, ou pour ces cachets hypnotiques, ou pour l'alcool. C'était le seul moyen pour moi, aussi glauque et destructeur fut-il, de conférer une épaisseur à ce qui n'était plus une vie. J'entrevoyais en ces paradis artificiels un comblement à mes soirées rongées d'ennui. Quand on est ivre, la sensibilité s'exacerbe, les choses nous marquent davantage, la vie prend un relief nouveau. Je me saoulais d'orgueil funéraire, m'enivrais de ma décadence finale, comme un monarque en déchéance, ne régnant plus que sur son univers en déliquescence, emmuré en son palais en ruine. J'errai comme un mort-vivant entre mes quatre murs, me trainant lascivement dans un peignoir funèbre, automate vidé de sa substance, ainsi que le fit sans doute Dalida au dernier soir de sa vie, s'apprêtant à prendre place sur le lit dont elle ne se relèverait jamais. J'écoutais en boucle, des heures durant, son dernier titre qu'elle enregistra six mois plus tôt, une chanson superbe et prémonitoire, dont la musique aérienne et éthérée semblait l'aspirer vers les nuages. Je me nourrissais de ce poison délicieux, me délectais de cette saveur morbide, n'aspirant plus à rien d'autre, si ce n'est à me vautrer sans fin dans ce coma existentiel.

Je me souviens d'un réveil, un matin, qui fut atroce physiquement et mentalement. J'étais imprégné de part en part, rongé intérieurement par l'idée de ma mort. J'étais certain de vouloir en finir, me manquait seulement la façon de passer à l'acte. Je me revois convulsif et torturé, me martelant l'esprit d'interrogations incessantes quant aux divers moyens d'un tel geste. Lequel choisir ? J'avais comme recours, au calvaire de ma vie, plusieurs options : un cutter dans le tiroir de mon buffet pour m'ouvrir les veines dans le sens de la longueur, un grand drap noué tel une corde pour me pendre à la rambarde de la mezzanine, mes somnifères et anxiolytiques à avaler avec une bouteille entière de rhum. J'étais dans mon lit tôt matin à rugir comme un aliéné, exorcisant mon poison mental dans des convulsions insensées. Je n'étais plus un être humain, j'étais réduit à la torture instinctive d'une bête à l'agonie.

Il régnait une odeur de mort dans la maison. Ma dépression, ma sous-alimentation et ma surconsommation tabagique me laissaient aussi dans la bouche un sale goût de mort. Durant cet été qui s'avèrerait décisif, je défaillis à plusieurs reprises. Ce n'est qu'à la mi-août que je me sortirais véritablement de la dépression médicalement constatée. Lesdites défaillances m'y intimèrent très certainement. Et la flamme de la vie brûlait encore en moi sans doute bien plus que je ne le soupçonnais moi-même à ce moment-là. J'aspirais à ce qu'elle redevînt braiser, je ne pouvais mourir maintenant.

En premier lieu, début juillet, une mésaventure autoroutière me malmena. Au retour d'une soirée arrosée passée sur Lille, atteint d'un degré d'ivresse certain, je m'engageai sur une portion d'autoroute en travaux, donc interdite à la circulation, pour en ressortir une dizaine de kilomètres plus loin arrêté par des agents de l'ordre public. Je passai deux heures dans un poste de CRS, lesquels furent indulgents à mon égard en m'évitant le retrait de permis, ne me tarifant que de deux lourdes amendes et six points en moins sur ce dernier. Je dus récupérer mon véhicule le lendemain. Immobilisé près de la sortie d'autoroute à douze kilomètres de chez moi, ne pouvant compter sur personne, ce qui aurait pu m'aider à retourner sur les lieux, je n'eus d'autre choix que de parcourir les douze kilomètres à pieds, près de trois heures de marche à travers les chemins de campagne, sous un soleil qui me brûla tout le côté gauche. Je ne suis pas près d'oublier cette escapade !

Cet épisode me traumatisa. Moi qui redoutais par-dessus tout que ma voiture, essentielle pour mon travail, ne vienne à me lâcher, livré à moi-même dans une solitude totale où je ne pouvais compter absolument sur personne pour m'aider en cas de problème, je venais non seulement d'échapper de justesse, à cause de mes dangereuses étourderies, au retrait de permis, mais me voyais par ailleurs ne conserver qu'un point sur ce dernier ! Je l'avais échappée belle et ressortis mortellement calmé de ce faux-pas.

La soirée arrosée dont j'étais revenu cette nuit-là s'était déroulée dans un contexte de sociabilité – pour une fois que je ne buvais pas seul – que je vivais tout de même une fois de temps en temps, reprenant ainsi une grande bouffée d'air avant de replonger dans l'apnée de ma solitude. C'est au cours d'une de ces soirées que je fis une rencontre débouchant possiblement sur un accomplissement amoureux. Ce qui m'est toujours apparu miraculeux, eu égard aux opportunités en la matière qui auront été rarissimes dans ma vie. Je succombai à nouveau aux affres des déboires amoureux et des aléas psycho-émotionnels qui en découlent invariablement, dont je n'avais vraiment pas besoin en cette période fragile de ma vie. J'étais déjà sur la corde raide, dépressif depuis six mois, l'idée de la mort omniprésente en mon esprit. Ayant toujours associé psychologiquement échec amoureux et suicide, endurant le premier pour en fomenter automatiquement le second, ce coup-là pût m'être fatal. Il ne le serait pas.

Un dimanche soir de début août, après une ultime entrevue catastrophique m'apportant la conviction de l'impossibilité définitive de cet amour, je revins effondré. Le lendemain, j'avais rendez-vous chez mon médecin. J'avais toutefois prévu de ne plus quémander de somnifères, désireux de me tirer de la dépendance psychologique dans laquelle ces derniers me maintenaient. Je changeai instinctivement d'idée, ne réfléchissant plus, mu comme un automate, et me retrouvai ce lundi soir au pied du mur, les deux boites précieuses entre les mains. Je fis alors ce dont je m'étais jusque-là bien gardé : j'absorbai simultanément, cocktail oh combien déconseillé, alcool et cachets. En nombre important.

Inconsciemment, je testais mon envie de mourir, c'est ce que je me dis aujourd'hui. Je me défiais moi-même, me posais un ultimatum quitte ou double : mon heure était-elle vraiment arrivée ? J'étais mal, j'étais saoul, mais demeurais lucide et raisonné : je ne pouvais mourir maintenant, mon destin m'attendait encore. Depuis plusieurs minutes que ces maudits cachets macéraient dans l'alcool de mon estomac, j'eus le déclic de la survie, ma dépression était finie : je me ruai vers les toilettes pour me faire vomir, régurgiter toute cette substance toxique, dégueuler ma rage et mes viscères. J'étais dans un état d'ivresse insensé, me fourrant les doigts dans la gorge, le plus profond possible, pour en faire remonter le maximum de saloperies que j'avais avalées. Affolé brusquement par l'éventualité de la mort. L'ayant tellement désirée et à présent horrifié à l'idée de réellement l'affronter. Je ne pouvais pas crever avant mes parents, je ne pouvais pas laisser en plan ceux qui attendaient ma maison, je ne pouvais pas imaginer les gens de mon voisinage assistant atterrés à la sortie de mon corps sur une civière emportée par les ambulanciers. Je ne pouvais leur laisser le plaisir des commérages post-mortem, des interrogations quant au pourquoi du comment du suicide du « jeune homme du numéro 14 » comme ils me désignaient. Raclant le fond de ma gorge de mes doigts fossoyeurs avec la rage de m'en tirer, hébété de larmes, de bave et de vomi, la gueule béante au-dessus du chiotte contre lequel j'étais vautré comme une bête, je sauvai ma peau. J'en eus la gorge atrocement endolorie une semaine durant.

Ma dépression médicalement constatée était finie, oui. Quelques jours après ce faux-pas qui me fit sortir la tête de l'eau, qui fut comme une alerte tragiquement positive, positivement tragique, je décidai de moi-même d'arrêter les anti-dépresseurs que je prenais quotidiennement depuis cinq mois. J'en ressentais de plus en plus les effets indésirables de bouffées de chaleur et d'impression nauséeuse, mon organisme me signifiait que je n'en avais plus besoin. Restait à régler mon problème de changement de vie, pour que je ne replonge pas.

Début septembre, j'appris qu'une petite maison au bout de ma rue, du même type que la mienne, venait de se vendre en quatre jours de temps. Affichée à l'office notarial le jeudi, l'affaire fut conclue le lundi. J'étais écœuré. Depuis des mois et des mois que j'attendais la vente de la grande bâtisse de ceux qui achèteraient la mienne, j'assistais, dégoûté, à la facilité avec laquelle une maison semblable à la mienne pouvait se vendre. Je songeai un instant à tenter de m'en débarrasser de la même façon, mais fus aussitôt pris de scrupules à l'idée de laisser tomber les gens qui comptaient sur moi et espéraient emménager en mes murs. Je ne pouvais pas leur faire ce coup-là, eux aussi attendaient depuis des mois. Je laissais donc passer le mois de septembre, un mois de plus de patience et de bienveillance d'un prix moral lourd, en priant pour que notre situation se débloque avant la fin de l'année.

J'étais excédé, ne cessant d'intimer mes successeurs d'intensifier leurs démarches immobilières afin que leur bâtisse dégage au plus vite. Je ne me voyais certainement pas affronter une fois encore les fêtes de fin d'année au restaurant où je trimais, sachant que je n'y supporterais ni les tâches, ni l'ambiance implicites à cette période particulière. Inconsciemment, ce mini-événement que fut la vente rapide et facile d'une maison similaire à la mienne au bout de ma rue, agit sur moi psychologiquement. Cela travailla en moi tout septembre. Il était si tentant d'accomplir la même démarche ! Toutefois, un autre point, non des moindres, réfrénait mon audace : laisser tomber les gens qui attendaient ma maison reviendrait à une trahison signifiant la rupture de notre lien amical, je savais par avance qu'ils ne me pardonneraient pas un tel coup. Or ces gens représentaient la seule attache, le seul et unique lien humain dont je bénéficiais en cette contrée où végétait ma solitude. Je pense qu'ils n'en avaient pas conscience, d'ailleurs. Une fois ce seul et unique lien rompu, je me retrouverais définitivement abandonné. J'hésitais, tiraillé entre rébellion et scrupules. Beaucoup de gens à qui j'avais fait part de ma situation étriquée me conseillèrent de tenter de vendre ma maison par moi-même, les maisons à bas prix se vendent si facilement… J'achevai ainsi le mois de septembre dans un état de latence, de tergiversation impalpable et brumeuse, acculé au bord de la falaise en contemplant l'horizon rectiligne d'immuabilité, sentant bien, par trop subrepticement, que l'océan lointain grondait sourdement de la fomentation d'un raz-de-marée dont je n'attendais qu'une chose : qu'il me submergeât !

Aux premiers jours d'octobre, je me sentis m'enliser à nouveau dans la dépression. C'était impossible, je ne pouvais replonger dans ce que j'avais vécu, dans ce dont je venais de revenir, je n'aurais pu l'endurer une seconde fois, ou alors y laisser ma peau. Il fallait que je prenne ma vie en mains, je n'avais plus le choix, j'avais trop attendu. Ce fut le lundi 04 octobre que le déclic s'opéra en moi : ulcéré par une soirée de boulot stressant, affairé à déboîter deux bacs de bain-marie collés l'un dans l'autre par leurs sauces gluantes, manquant de m'arracher les ongles et les doigts dans cet effort et dans cette saleté, je me décidai à précipiter les événements. Mon médecin me l'avait conseillé : tu dois bousculer ta vie, tu dois prendre les choses en mains ! Ce à quoi je lui avais rétorqué que les circonstances ne dépendaient pas de moi, que je demeurais tributaire de la vente de l'autre maison, celle qui occasionnerait la vente de la mienne. En ce décisif lundi soir, je repensai à ses paroles…

En rentrant chez moi, j'étais débordant d'exaltation. Me connectant à Internet, je découvris, sur un site de vente, le message de quelqu'un désireux de faire l'acquisition d'une maison du même type que la mienne et pris son numéro aussitôt. Le lendemain, après une nuit de frémissement sans sommeil trouvé, croyant intensément en cette nouvelle opportunité, j'envoyai un message à l'homme en question. Il viendrait l'après-midi-même visiter ma demeure en compagnie d'un type d'expérience, grand connaisseur des secrets domestiques, des ceci et des cela d'une maison, mettant en garde, le cas échéant, le futur acquéreur potentiel quant aux disgrâces et imperfections éventuelles de ladite demeure. Je fus traumatisé par cette visite. Inspectant de fond en comble chaque coin et recoin de mon modeste logis, auscultant la toiture, le grenier, les portes et fenêtres, décrétant péremptoirement ce qui allait, ce qui n'allait pas, assénant catégoriquement ses conclusions, j'en fus vidé. C'est comme un viol, un cambriolage. La maison est très psychologique : dans le symbolisme des rêves, la maison est représentative de soi, on ressent empathiquement ce qui se passe dans sa maison comme si cela nous arrivait directement.

Ils repartirent en fin d'après-midi, évasifs, me laissant pantois, ne sachant à quel saint me vouer. J'étais mal. Le soir même, j'allai au cinéma, fuyant cette maison détestée, affrontant les kilomètres autoroutiers dévastateurs, roulant sous une pluie battante la peur au ventre. Je ne supportais plus la voiture et survivais depuis des mois dans la hantise qu'elle me lâchât. Je savais que le fait de m'installer à la grande ville me permettrait de ne plus en être tributaire, que je pourrais bénéficier des transports en commun. C'était aussi cette urgence-là qui alimentait chez moi une insupportable impatience quant à l'actualisation de mon changement de vie. Je n'en pouvais plus. Je me revois ce soir-là, les mains tremblantes au volant de ma voiture, dévoré de stress et de détresse, au bout du rouleau. Si l'opportunité nouvelle que je venais de dénicher pour tenter de vendre ma maison ne se concrétisait pas, qu'allais-je devenir ?

J'eus la réponse le lendemain : mon visiteur de la veille était prêt à signer, il était décidé à acheter ma maison. J'explosai de joie à en avoir un sourire béat aux lèvres en me rendant à mon travail honni, ce qui n'était plus arrivé depuis bien longtemps. Je ne pouvais toutefois certes pas me laisser griser par cette adrénaline prodigieuse et subite car, si elle sonnait le glas de mon coma existentiel, elle m'acculait de fait au pied du mur des responsabilités nouvelles à affronter. Comme un ancien détenu fraîchement sorti de prison qui ne peut se laisser submerger par la jouissance de son émancipation : il lui faut d'emblée parvenir à se retourner, se construire une nouvelle vie, structurer cette nouvelle situation, c'est une libération responsabilisante, une passion d'emblée freinée par la raison. Je repensai à ces mots du *Dernier Empereur* de Bertolucci, lorsque Pu Yi est sommé de quitter la Cité Interdite après y avoir été enfermé toute sa jeunesse : j'ai toujours cru que je détestais vivre ici, mais maintenant j'ai peur de partir. À quel amer paradoxe et à quel fatal carrefour de la vie est-on acculé en ces moments transitoires, en ces seuils délicats ! Trouver un nouveau logement, effectuer le déménagement, démissionner de mon travail, en retrouver un autre, telles furent mes impératifs nouveaux.

Il est facile de résumer tout cela en une ligne écrite noir sur blanc mais, dans la réalité des faits, c'est une somme faramineuse de démarches, de contraintes et de formalités à endurer et à accomplir les unes après les autres, lesquelles me prendraient quatre mois en tout et pour tout. Un effroyable parcours du combattant. Émergeant à peine de cette léthargie existentielle dans laquelle je comatais depuis des mois, je dus subitement me relever pour assumer tout cela. C'était comme demander à un malade se réveillant à peine d'une anesthésie générale de piquer immédiatement un sprint. Je l'ai piqué, mais non sans trébucher plus d'une fois, le temps de prendre la vitesse de croisière.

J'étais heureux que ce à quoi j'aspirais depuis si longtemps voie enfin le jour, mais ce fut humainement épouvantable. Quel prix à payer pour accomplir tout cela ! Prix moral, prix de stress, prix de craintes, de doutes et d'affolements subits. Ne pas savoir où l'on va atterrir, ne pas savoir si l'on atterrira quelque part, se demander si l'on arrivera à trouver un logement à temps avant la vente du précédent, si l'on ne se retrouvera pas à la rue, si l'on parviendra à assumer financièrement, une fois son ancien emploi abandonné, sans indemnisation aucune, ne pouvant compter que sur le bénéfice de la vente immobilière, craindre que cette dernière n'ait lieu trop tard et ne permette de joindre les deux bouts, etc. Ce furent quatre mois de peurs paniques et d'interrogations incessantes m'assaillant l'esprit du matin au soir et du soir au matin. J'avais l'impression d'être en lévitation ! Ma vie, jusque-là enlisée à tous égards dans l'immobilisme et la répétitivité, se trouvait subitement relevée de force pour devoir se maintenir à la hauteur de tout ce que j'avais à réaliser, sans droit à l'effondrement. Cela fut extraordinairement rafraîchissant, enfin un peu d'agitation et de nouveauté, lesquelles m'abreuvaient vitalement, mais subitement et atrocement responsabilisant. Encore une fois une impression en demi-teinte.

Et assumer tout cela complètement seul ! J'en étais affolé et eus plusieurs crises de détresse viscérale devant cette conscience atroce de ma solitude absolue. Aucun conseil ou suggestion extérieure pour prendre mes décisions, aucun autre son de cloche pour me rééquilibrer, personne à qui recourir financièrement en cas de catastrophe en la matière. Aucune épaule non plus sur laquelle me reposer, personne sur qui compter pour m'aider. Assumer les doutes, les affolements, les désarrois sans l'once d'un apport humain. Solitude décisionnelle, solitude affective, solitude matérielle. Il n'y a pas la solitude, mais les solitudes. J'avais entendu les mots de François Mitterrand s'agissant du dernier album de Jacques Brel, où il évoquait la réalité de l'homme seul face aux éléments. Je me raccrochai éperdument à ce concept nouveau, choisissant misérablement de m'en enorgueillir, pour ne point m'en laisser détruire. En rire de peur d'être obligé d'en pleurer, pour paraphraser un texte de Serge Gainsbourg. Qu'il faut les épaules larges pour être seul capitaine à bord d'un navire qu'il faut coûte que coûte mener à bon port ! Rester debout sans droit au fléchissement dans le poste de pilotage, tenir seul les commandes pour traverser tempêtes et cyclones sans faire naufrage. J'y suis parvenu mais quel soulagement une fois débarqué de l'autre côté, m'effondrant sur la plage de ma nouvelle vie...

Je me ruai au cinéma, à cette époque-là de ma vie, pour un film auquel je ne pouvais que m'identifier, toutes proportions gardées : *L'homme qui voulait vivre sa vie* avec Romain Duris. Je reconnaissais les affolements viscéraux, les angoisses atrocement solitaires qui l'étreignent à quelques instants précis de son escapade, livré à lui-même. Traduite en anglais, cette formule pourrait tout aussi bien évoquer une chanson que je dévorais pareillement : *Left to my own devices* des Pet Shop Boys. Je me raccrochai à ces bouées de sauvetage pour ne pas me laisser couler. Moi qui avais tellement fait l'apologie de l'indépendance et de la solitude accomplissante, du fait de savoir se débrouiller par soi-même sans rien demander à personne, méprisant par trop celles et ceux qui se raccrochent lamentablement à quelqu'un comme on se raccroche à une bouée de sauvetage, qui s'appuient sur l'autre comme on s'appuie sur une béquille, voilà que je retournais ma veste en constatant, rendant les armes, que moi aussi j'aurais voulu bénéficier d'un tel appui. À quel point on peut évoluer dans une vie ! Je brûle aujourd'hui ce que j'adorais hier, et inversement. Ce fut une impression à la fois de défaite et de victoire. La défaite de finalement céder à ce que j'avais jusque-là orgueilleusement tenu hors de ma considération. La victoire quant à mon retour relatif au réel, retour auparavant impensable, mais qui s'avère en soi une défaite intellectuelle. Se boucle ainsi le cercle vicieux de ma vie.

Je sortis donc la tête de l'eau, après des mois d'apnée, pour opérer, les unes après les autres, les étapes de mon changement de vie. Ce qui me sidéra et me fut le plus pénible, c'est le labeur et la difficulté par lesquels il faut en passer pour obtenir et actualiser des choses a priori toutes simples. J'étais effaré et vidé de constater les déboires que nécessitent la quête d'un logement, d'une entreprise de déménagement, l'actualisation de sa situation administrative. Par où commencer ? À qui s'adresser ? Où se rendre ? Glaner des coordonnées, passer des coups de téléphones, programmer des rendez-vous, préparer tout un dossier avec les pièces à fournir, attestation de ceci, justificatif de cela, se rendre sur place avec à chaque fois tous ces kilomètres de route à parcourir, être à l'heure au rendez-vous, affronter un bailleur chaleureux comme une porte de prison, devoir discuter des heures avec une propriétaire rustre et méfiante, donner sa réponse, signer des papiers, pour ce qui n'est finalement qu'une goutte d'eau dans l'océan, qu'une pièce infime au sein du puzzle géant de l'existence. Toutes ces démarches, ces formalités, cette course de haie pour tenter d'aboutir à quelque chose, puisqu'on quémande toujours dans l'hypothétique d'une obtention, me bouffèrent mon humus intérieur.

Devoir se forcer à faire bonne figure, employer les tournures de politesse, les formules conventionnelles, jouer habilement avec ce qui se dit, ce qui ne se dit pas, jouer au type sûr de lui, bien dans ses pompes, assumant sereinement les responsabilités de la vie (sic). Faire semblant d'avoir une bonne situation alors qu'on est en procédure de démission, dissimuler le fait qu'on n'a aucune situation assurée pour l'avenir mais qu'on ne subsistera que par l'apport financier d'une transaction immobilière dont la date n'est pas encore fixée. Bien qu'ayant toujours ressenti le mensonge comme une jouissance, jouer ce jeu-là me fut horriblement anxiogène. Avec la peur au ventre d'être démasqué surtout. L'impression d'être comme un enfant qui fait une grosse bêtise et en redoute les éventuelles représailles. Le film d'Éric Lartigau avec Romain Duris sortit exactement à ce moment-là. Son héros vit, dès son coup de force accompli, dans une clandestinité forcée qui le contraint à vivre dans le mensonge permanent, avec la hantise d'être débusqué. Ce film tomba pour moi à point nommé.

Je l'ai couru ce marathon des formalités, des haies à franchir pour arriver à destination. Mais plusieurs de ces haies me firent choir abruptement. À chaque étape réussie, j'étais moralement effondré. Réaction ultraparadoxale. Le sentiment d'être mis au pied du mur, de ne plus pouvoir faire marche arrière. Une fois signé, c'est signé. J'exècre jusqu'à la nausée cette dimension de formalité glaciale, de confrontation aux instances administratives. J'avais à chaque fois l'impression de signer mon arrêt de mort et me trouvais prostré les deux heures qui suivaient. Il me fallait plusieurs jours pour me remettre d'aplomb. Le réflexe des antidépresseurs me revint alors à l'esprit : ayant conservé ce qu'il m'en restait depuis que j'y avais mis un terme, je décidai d'en reprendre pour me donner un coup de fouet. C'était toutefois une erreur bienfaitrice car leurs effets indésirables me malmenèrent d'emblée, ce qui était le signe que je n'en avais plus réellement besoin. Les chutes brutales de pression que je connus à chaque formalité accomplie n'étaient que des effondrements passagers au sein d'une courbe globalement ascendante de ma vie. Les vagues creuses d'une oscillation à dominante progressive.

Je fixai la démission de mon travail au 30 novembre, ce qui ne fut pas une mince affaire pour lâcher le morceau à mes patrons. Je n'osais pas la leur annoncer, un blocage atroce m'en empêchait. J'avais peur de me faire engueuler, peur de leur réaction face à une nouvelle qu'ils n'attendaient aucunement. J'avais dans l'idée que je n'avais pas le droit de faire ça, d'accomplir une telle audace. C'était un sentiment d'impuissance et de culpabilité infantiles ridicule, j'étais dans l'état d'esprit d'un enfant qui a peur de se faire engueuler par ses parents, qui craint leurs représailles. C'est un sentiment avilissant que je ressens toujours face à une instance officielle – patron, propriétaire, policier, agent administratif – qui représente sans doute pour moi, inconsciemment, une projection actuelle de l'ancien autoritarisme parental qui m'a écrasé à mes jeunes années. À trente ans, je conservais un rapport œdipien à ces épouvantables instances, demeurais sous l'emprise psychanalytique de mes premières imprégnations et en étais atterré. Il me fallut beaucoup de temps et de courage pour arriver à penser que j'avais le droit de décider de ma vie, que j'avais en moi la potentialité d'un pouvoir de décision sur cette dernière.

Devant respecter le préavis d'un mois imposé par les statuts belges, j'attendis la fin octobre pour enfin leur cracher le morceau à ces fichus patrons. J'en étais vraiment arrivé à l'idée que je n'y parviendrais jamais et que je demeurerais esclave d'eux toute ma vie. Mais tout se passa au mieux, mes angoissantes appréhensions avaient été infondées. Encore cette sale énergie intérieure de stress, de doute et de crainte, brûlée pour rien. C'est ainsi que je vécus mes dernières semaines de plongeur en restauration, en achevant presque la huitième année. Je l'achevai sur les rotules, au bout du bout de ce que je pouvais encore y donner physiquement et moralement. Le réservoir arrivait complètement à sec, j'écumai jusqu'à la dernière goutte du carburant qui me restait encore, le voyant étant allumé depuis trop longtemps déjà...

Mon déménagement fixé au 16 décembre, je passai la première quinzaine du mois terré dans ma maison à attendre cette date importante. Je ne travaillais plus et tentai de meubler mon ennui du mieux que je le pus. Les jours étaient courts et les températures glaciales en ce début décembre, comme si nous étions déjà en plein hiver. Deux semaines de gel intense et mortifère pour achever mes cinq années passées en ce sanctuaire. Le déménagement et mon installation à la grande ville en furent calamiteux. Moi qui avais rêvé de m'y implanter pour l'été précédent, les aléas de la vie ne l'ayant pas permis, j'étais sommé d'effectuer tout cela au milieu d'un bourbier de froid, de neige et d'obscurité au seuil du solstice d'hiver. Au premier soir de ma nouvelle domiciliation, debout au milieu des cartons encore emballés d'un déménagement tout frais, je contemplai les façades urbaines magnifiquement illuminées qui se dressaient face à la grande fenêtre de ma chambre donnant sur la rue. Les flocons de neige tombaient doucement, parsemant mon nouveau paysage urbain d'une douceur étrange et fascinante. J'étais heureux.

\*\*\*

Ce bonheur d'un nouveau soir, cet instant unique de stagnation hivernale apaisante et magnifique, ne pouvait certes pas me griser trop longuement. Je ne survivais matériellement que par l'apport financier de la vente de cette maison que je venais de fuir. Pour cause de démission, je ne bénéficiai d'aucune indemnisation. Il ne me fallait pas trop tarder avant de retrouver un emploi, ce qui me terrifiait. J'avais bien quelques pistes en vue, ayant déjà semé mes billes à droite à gauche, mais j'étais désemparé à l'idée de devoir affronter de nouveaux contextes, de nouvelles personnes, de nouvelles obligations. Toujours cette peur de l'inconnu qui m'aura freiné toute ma vie. Si je n'avais pas été bloqué humainement par une telle épouvantable phobie, j'aurais accompli bien plus de choses dans l'existence. Mais mes désirs et mes élans, aussi prodigieux furent-ils, se sont toujours vus entravés par la peur et le doute. Je me sens toujours comme un chat sauvage et effarouché, les sourcils froncés, les oreilles baissées, le poil hérissé, lorsque je dois quitter mon environnement familier pour affronter l'inconnu quel qu'il soit. Je n'ai donc su trouver un semblant de réalisation que dans un étau existentiel très serré, sans doute n'en eût-il pas été possible autrement.

D'autre part, l'inactivité me pesa rapidement. Passées les premières semaines suivant ma démission de mon ancien emploi et accomplies les formalités implicites à un changement de vie, je ne me voyais certainement pas errer encore bien longtemps dans une oisiveté permanente, sans structuration, sans but, habité par le sentiment d'inutilité. J'ai besoin de travailler : cela me donne des horaires qui régissent mon emploi du temps, m'obligent à me remuer les fesses, me disciplinent. Lorsqu'on a une personnalité aussi invertébrée et déstructurée que la mienne, il est bienvenu de pouvoir bénéficier des critères qu'impose une instance extérieure. J'ai besoin aussi de défouler mon énergie intérieure considérable, d'y trouver un exutoire. Comme un boxer qui a besoin d'un punching-ball. Nervosité, stress, anxiété d'un tempérament instable qui trouvent à se décharger à travers une tâche physique.

J'étais angoissé par le fait de ne pas savoir quoi exercer comme travail, je craignais de replonger – c'était le cas de le dire – dans le gouffre d'une cuisine de restaurant et de sa plonge infernale. Je pensai à devenir éboueur ou à travailler dans le traitement des déchets. Puis me revint de façon évidente l'idée du nettoyage, ayant déjà une expérience en la matière. Je pris contact avec plusieurs entreprises et obtins une entrevue avec une gérante ou patronne. Cet entretien me démoralisa de fond en comble : la bonne femme que j'avais de l'autre côté du bureau s'étonna grandement qu'un garçon comme moi, présentant bien, s'exprimant bien, selon elle, émît le souhait de travailler dans le nettoyage. Elle m'assura que j'avais davantage le profil pour travailler dans les bureaux, m'occuper de la comptabilité, de l'administration, etc. Elle ne comprenait pas, comme les autres. Je ressortis de là accablé. J'espère sincèrement et ironiquement que cette bonne femme lira un jour cet ouvrage.

Je dus fatalement m'en remettre à tout ce processus de réintégration dans le monde du travail après l'avoir un temps délaissé : l'inscription à Pôle Emploi, les curriculum vitae et autres lettres de « motivation » à préparer, toutes ces démarches déprimantes et cette sensation de retour à la case départ pour tout avoir à reconstruire depuis le début, quelle horreur ! Sans parler du fait que je sortais d'un statut de travailleur frontalier pour me rapatrier dans le giron franco-français, si j'ose dire, ce qui complexifiait les choses encore plus. Je puis toutefois rendre grâce au destin de m'avoir épargné trop de labeur en la matière, les billes que j'avais semées depuis un moment m'offrant une rapide opportunité de travail, six semaines à peine après avoir démissionné du précédent. Un nouveau travail me correspondant parfaitement, où il n'y a pas à réfléchir, aucune responsabilité importante à assumer, tout en bas de l'échelle sociale. En somme, j'échappais ainsi aux réels horrifiques qui me terrorisaient, ceux que j'ai déjà décrits, mais au prix d'endurer encore et toujours le réel concret, le plus ingrat, le plus abject. Mais le moins pénible pour moi à assumer. Tout comme je l'avais vécu dans mes emplois précédents, selon le même schéma imparable découlant de ma maladie.

Je replongeai dans l'enfer du réel, c'était reparti pour un tour ! Après avoir affronté les surfaces publiques de fast-foods ou d'administrations à nettoyer, après avoir affronté la plonge de restauration huit années durant, dans une cuisine dont je venais de sortir comme on sort de prison, je débarquai dans un contexte encore plus inattendu, sombrant dans un réel concret désormais encore plus épouvantable que tout ce que j'avais pu connaître jusque-là. Personne ne pourrait deviner de quoi il s'agit si je ne m'en livrais ici à la consternante narration.

Mes aberrantes pérégrinations me firent en effet atterrir dans un lieu de sociabilité qu'on pourrait qualifier de coquin, de libertin, de débauché. Une boîte à cul, quoi. Je fus chargé d'y assurer l'entretien : je laisse à chacun le soin d'imaginer avec délectation la délicatesse des tâches multiples qu'un tel contexte peut sous-entendre. Heureusement que j'avais des gants pour travailler...

Tout devait être impeccable pour l'heure de l'ouverture, en début d'après-midi. J'arrivais donc de bon matin, prenant le contre-pied de mon rythme précédent de restauration qui me faisait travailler entre midi et minuit. Lâché dans les rues glaciales et endormies à peine tiré du lit, je m'enfermai en ce lieu glauque des heures durant, un contexte en permanence chaud et humide. À peine arrivé, je plongeais au cœur d'une atmosphère empreinte d'une odeur d'égout et de renfermé, jamais aérée. L'eau de javel que j'y aspergeais se chargeait de rendre cette dernière plus agréablement respirable. L'effet-boomerang en était les sensations infectes de brûlure aux yeux et aux narines que me causait la javel. Je laissais le tout reposer un moment pour aller m'occuper des chiottes où m'attendaient d'autres fragrances, aisément imaginables. Le sol, légèrement incurvé, s'y trouvait maculé d'un marécage stagnant d'eau et de pisse mélangées, agrémenté de poils de cul. Une fois ce croustillant condensé raclé, j'aspergeais là aussi de javel tout l'ensemble, afin de tuer l'odeur de pisse et de merde qui en avait initialement émané. Je retrouvais de temps à autre de la merde sur les chiottes ou par terre, la populace fréquentant ce lieu n'ayant visiblement pas capté qu'il fallait s'asseoir sur le trône pour chier, que cet orifice béant avait pour vocation d'y accueillir leur merde. C'était de la merde en chiasse bien souvent, délicieusement répandue sur toute la lunette soulevée du chiotte, que je devais enlever avec du papier, insistant bien dans tous les coins et recoins afin de ne point en omettre. De la merde, il y en avait aussi parfois sur les murs, sous la forme de traces de doigts dont certains clients avaient laissé les marques, n'ayant plus d'autre recours une fois le rouleau de papier cul épuisé. Je passais ainsi mon temps accroupi au ras du sol, fouinant l'arrière des chiottes pour vérifier qu'aucun détritus n'y avait été abandonné. Des détritus tels que des capotes usagées, des morceaux métalliques mous d'emballage de capote, des petites bouteilles de poppers. Car les gens baisaient aussi dans les chiottes, constatais-je effaré.

S'agissant de la baise, justement, je me dirigeais, une fois les chiottes nettoyées, vers les cabines prévues à cet effet. De petites pièces comportant un matelas, un distributeur de gel lubrifiant, un distributeur de papier, ainsi qu'une petite poubelle destinée à recueillir les déchets qu'engendre la débauche. Les matelas comportaient des traces de transpiration, de croûtes de sperme séché et des poils de cul. Je les passais au spray javel pour ensuite les ravoir avec du papier à nettoyer. Les poubelles, quant à elles, devaient être vidées. Leur alléchant contenu, fait de capotes usagées, de papier imprégné de sperme, de chewing-gums et de crachats, remplissait le grand sac poubelle noir que je trimballais ainsi au long des cabines, jusqu'à m'en aller vers les recoins les plus glauques du lieu.

De back-room en glory-hole, je ramassais les déchets éparpillés au sol, de même nature que ceux précédemment et sympathiquement évoqués. Des capotes usées, souillées de sperme d'un côté et parfois de merde de l'autre, de la merde justement, en morceau, ici ou là, des flaques de pisse aussi, laissées dans tel ou tel coin puant l'urine. Il fallait que je rebranche aussi le câble du téléviseur que les clients avaient arraché de l'appareil dans le but de bénéficier d'une obscurité totale leur laissant le loisir de se vautrer dans cette réjouissance collective qu'est la partouze. Une fois visionné le film savoureux diffusé par le téléviseur, ils étaient suffisamment chauffés pour ne plus en avoir besoin. Un film plein de poésie et de tendresse, souvent dans le style de *Blanche-neige et les sept nains*, sauf qu'il s'agissait là de *Blanches-fesses et les sept mains*... Des films comme celui-là engendraient des parties de jambes en l'air prodigieuses, où le nombre des participants s'avérait tout bonnement inchiffrable. Je retrouvais, de temps à autre, des flaques de sperme séché, collées au sol comme de la glue extra forte, comme un mastic indéboulonnable, extrêmement difficile à ravoir. La serpillière n'y suffisait évidemment pas, une lavette guère plus. Ce n'était qu'au moyen d'un racloir ou d'une brosse plastifiée que je parvenais tant bien que mal à extirper de ce sol infâmement dégueulassé les centilitres de sperme collant qui l'engluaient. Il pouvait aussi arriver aux clients, au cours de leurs galipettes sulfureuses, d'y laisser du sang. Je ne pouvais être en mesure d'établir les blessures exactes ayant eu lieu, ne constatant le résultat que le lendemain et devant alors impérativement y remédier. Je me retrouvais ainsi au sol, déplaçant les canapés au-dessous desquels traînaient encore lamentablement quelques capotes souillées, anarchiquement jetées là, pour ravoir ce dernier intact en en extirpant tout le sang séché qui s'y trouvait répandu. Une flaque gigantesque et des gouttelettes d'hémoglobine rouge foncé, que les prouesses sadomasochistes d'une populace enivrée de stupre avait engendrées. Une fois toute trace de violence effacée, je remettais correctement en place les canapés siégeant devant le téléviseur, ces derniers s'avérant malheureusement indélébilement entachés des inquantifiables souillures éjaculatoires qui depuis des lustres s'y étaient succédées.

La direction du lieu tenait à maintenir, en guise d'écriteau, une pancarte plastifiée accrochée au mur, que je retrouvai emplie de merde durcie et séchée que je dus enlever plusieurs mois, voire plusieurs années, après que cette dernière y fut horriblement maculée. Je dus utiliser quantité de papier imprégné de javel ainsi qu'une brossette aux bouts plastifiés, pour venir à bout de cette merde pétrifiée que personne n'avait jusqu'alors ôtée de ce lieu infâme. Il n'y avait pas que de la merde pétrifiée, d'ailleurs : je retrouvai, un matin, en coulées dégoulinant de part et d'autre d'un trou de glory-hole, de la chiasse séchée de la veille. Tellement de chiasse que les coulées languissaient jusqu'au sol pour s'y achever en deux magmas merdeux de texture liquide en voie de sédimentation. Un peu comme les bouses de vaches que l'on trouve dans les prés, et dont la surface se durcit au gré du temps, pour former une rigide croûte de merde. Un client crasseux aux boyaux en compote s'était abondamment lâché. Il faut dire que, le trou de la glory-hole se trouvant par définition à hauteur de sexe, il ne lui fut guère difficile de s'y retourner pour y présenter son entrecuisse postérieure, et y expulser le contenu de ses tripes. En nettoyant tout cela, j'hésitai entre l'écœurement et le rire, prenant conscience du caractère à la fois effarant et cocasse de la situation à laquelle j'étais réduit.

Une fois revenu à la salle d'eau où j'avais répandu de la javel sur tout le sol une heure auparavant, je propulsais sur ce dernier l'eau puissante d'un karcher pour en décoller les moindres particules indésirables et évacuer le tout vers les puisards. En fait de particules indésirables, je chassais des monceaux de minous, de cheveux et de poils de cul. Une fois le tout finement raclé, je quittais cette zone humide agréablement rafraîchie, sachant pertinemment et amèrement que les clients du jour à venir se chargeraient de tout dévaster à nouveau pour me refaire faire le même boulot le lendemain. C'est une tâche sans fin. Comme celle de nettoyer les escaliers. Lieux de passage s'il en est, je les trouvais quotidiennement infestés de poils de cul dans les moindres recoins de leurs marches et contremarches. Ce que j'ai pu ramasser de poils de cul dans ma vie, c'est inimaginable ! Descendant l'escalier progressivement, m'accroupissant au-dessus de chaque marche, m'arrêtant à l'une puis à l'autre bien soigneusement, j'atterrissais en bas les poignets courbaturés d'avoir fait et refait le même geste incessant d'extirpation des poils de cul avec ma balayette et d'amassement de ces derniers dans le ramasse-poussière. Accommodés bien sûr par la délicieuse présence d'insalubrités multiples et de petits morceaux d'emballage de capote, formant ainsi un infâme agglomérat croupissant au fond du ramasse-poussière que je m'empressais d'aller dévider dans la première poubelle venue.

Le summum de mon nouvel emploi était atteint lorsque je retrouvais l'air extérieur, afin de mettre au net la devanture de ce lieu de débauche. Je ramassais sur le trottoir les petits déchets laissés par clients et passants : mégots, chewing-gum, emballages de bonbons. Les gens qui me voyaient là devaient me prendre pour un malade : un jeune homme en short et tee-shirt accroupi sur un trottoir en plein mois de janvier de bon matin, affairé à ramasser des clopes et des saloperies. Ils ne sont pas tous enfermés, devaient-ils se dire... Le gratin de mon nouveau travail fut savouré lorsque je dus nettoyer une flaque de vomi séché laissée là par un passant, un type sans doute beurré qui, titubant par les rues la veille au soir, avait dégueulé devant la porte d'entrée. Je pouvais aisément y discerner tout ce qu'il avait bu et mangé. Bu, surtout... Amenant mon seau, ma serpillière et un grattoir, je passai un quart d'heure accroupi à tenter de ravoir ce vomi séché, frottant rudement le sol ignoblement maculé. Une fois liquéfié, je pouvais ramasser ce dégueulis avec ma serpillière, foutre cette dernière dégueulassée de vomissure dans mon seau d'eau et ramener le tout à l'intérieur, quittant ainsi le trottoir hivernal où je venais de passer une demi-heure en tenue d'été.

Je n'avais pas le choix : fuyant l'insertion sociale et les responsabilités que ma maladie m'empêchait d'assumer, je devais tant bien que mal gagner ma vie, si je ne voulais point la quitter, fût-ce à un tel prix de labeur et d'aliénation humaine. Je n'existais et n'existe qu'en tant que bœuf de labour, condamné à trimer dans un champ de merde.

***

En arrivant sur Lille, j'avais dans l'idée que ce changement de contexte de vie irait de pair avec une certaine ouverture sociale, un décloisonnement de ma solitude. Je pensais naïvement que ce déclic nouveau me débarrasserait subitement de mes irrépressibles tendances à l'alcool et aux cachets multiples que j'absorbais depuis des mois, que je retrouverais miraculeusement une hygiène de vie enfin saine, après les mois d'horreur et d'autodestruction que je venais d'endurer. Je me disais ingénument que cela me donnerait l'occasion de sortir davantage, d'aller au cinéma, de rendre visite à des gens, d'en recevoir chez moi. Pauvre de moi, comme j'ai déchanté ! Ma naïveté m'effare lorsque j'y pense. Je n'ai fait que transférer ma solitude rurale vers une solitude urbaine, c'est tout. Mon nouveau contexte de vie ne me procure qu'un tout petit soupçon d'oxygène vital qui maintient en vie comme par trachéotomie, mais il ne s'agit certes pas là de la grande bouffée d'air frais que j'avais imaginée... La solitude urbaine est certes moins absolue sans doute, moins jusqu'au-boutiste et insurmontable que la solitude rurale. Quand bien même on vit seul et qu'on ne communique avec personne, cet environnement urbain amène tout de même à percevoir davantage la vie autour de soi, à avoir davantage de possibilités de contacts humains, ne serait-ce que par le monde qu'il y a dans les rues, les transports en commun, la quantité de commerces, d'activités, d'opportunités de loisirs et de sorties, autant de paramètres favorisant une relative réintégration du troupeau. Un troupeau que j'avais tant méprisé et cherché à fuir, pour en fin de compte aspirer à le réintégrer...

La solitude aujourd'hui m'étouffe. Je survis comme une plante rabougrie, desséchée, sans eau, sans oxygène, sans engrais, mais avec en elle une énergie vitale puissante malgré tout, une sève intarissable. Combien de temps tiendrai-je ainsi sans perspective de fleurissement ? Je suis bien incapable de l'affirmer aujourd'hui. Combien de temps tiendrai-je encore à vivoter dans les tâches quotidiennes sans que rien d'autre de plus fondamental et nourrissant n'en justifie le labeur ? Je passe mes journées, en dehors de mes heures de travail, à tout mettre en œuvre pour lutter contre le sentiment d'ennui et d'inactivité qui me ronge. En-dehors de quelques balades me permettant de décharger ma nervosité, je passe le plus clair de mon temps enfermé entre mes quatre murs, à meubler le temps qui passe par ces deux exutoires vitaux que sont l'ordinateur et la télévision, m'enivrant de musique, énergie bienfaitrice, ne trouvant que dans l'écriture un but quotidien justifiant mon existence.

Je passe des heures à me plonger dans l'œuvre de Zola, à m'engouffrer dans les univers socioculturels qu'il dépeint avec tant de force d'imagerie et de suggestion. J'emporte ainsi mon ouvrage du moment dans le métro ou le tramway pour des trajets sans but, des allers-retours inutiles, mais qui me permettent de ressentir la vie autour de moi, quand bien même la promiscuité avec la populace des transports en commun s'avère souvent pesante et harassante. Mais c'est là un des seuls moyens que j'ai trouvé pour rompre ma solitude, celle-là encore plus pesante et harassante. Sentir quelqu'un assis à côté de moi pendant que je bouquine, vibrer corporellement au gré des humeurs du véhicule : autant de réalités anodines et banales pour tout un chacun, mais qui me permettent d'être nourri d'une toute petite stimulation sensorielle, inexistante dans l'inanité de ma vie personnelle. C'est un peu comme un enfant qu'on apaise et qu'on aide à s'endormir en le berçant tendrement. Ce que je constate d'un regard extérieur et amer bien sûr, n'ayant pas connu la chose à mes jeunes années. Cette carence originelle de contact physique – pas de bisou, pas de câlin – m'a fait développer une motricité précoce pour un petit enfant : j'ai été debout et j'ai marché trois mois plus tôt que la moyenne. J'ai dû fournir du tréfonds de mon être un volontarisme et une rage de vivre qui ne m'ont nullement été insufflés de l'extérieur. C'est puissant et pathétique.

Mais je sens à présent cette énergie première en voie de défaillance, je passe donc ma vie dans les transports en commun : ces petits riens du quotidien, ces gestes parcimonieux, ces regards furtifs, ces sensations fugaces me procurent un apport extérieur permettant à mon estomac affectif de ne pas totalement sombrer dans une famine radicale et irréversible. De ne pas encore mourir de faim en la matière.

Les soirées sont longues et pesantes sans travail. Moi qui étais habitué depuis des années à travailler souvent le soir, dans ce monde de la restauration, je dois aujourd'hui coûte que coûte combler cette impression de vide qu'est l'accumulation de soirées inactives. J'essaie alors d'aller me coucher tôt, pour tout oublier, trouvant refuge dans cette petite mort qu'est le sommeil. Je lis et relis jusqu'à la corde les biographies d'artistes dont les personnalités et les vécus furent proches des miens. Ce besoin d'identification s'avère pour moi, plus que jamais, une soupape de survie viscéralement essentielle à cette solitude à laquelle je n'ai aucun remède : ni le comblement par l'autre, ni le tarissement du problème à sa source.

Les rapports humains et la présence d'autrui m'apparaissent à présent de plus en plus sous un jour positif. Ce qui est à la fois réjouissant pour l'homme sauvage que j'ai toujours été, d'enfin me réconcilier avec cela mais, en même temps, terrible à admettre compte tenu du fiasco absolu que s'avère ma vie relationnelle et des difficultés qui sont les miennes quant au fait de construire quoi que ce soit en la matière. Tant que je n'avais pas absolument besoin de rapports humains, mon inaptitude à les vivre ne s'avérait pas en soi foncièrement problématique. Ressentir désormais de plus en plus le besoin d'une chose pour laquelle on se sent par ailleurs inapte, se heurte à un dilemme certain…

Je ressens petit à petit l'autre, son existence et sa présence, sa proximité, comme un facteur d'encadrement, d'équilibrage et de structuration pour moi. Bénéficier d'un autre point de vue, un autre son de cloche, une autre façon de fonctionner humainement qui fassent échos aux miens. C'est la parabole du système solaire : chaque planète évolue et tournoie avec équilibre et justesse de par l'attractivité du soleil, grand orchestrateur, mais aussi de par les interférences magnétiques induites par les autres planètes. Elles s'équilibrent et se positionnent les unes les autres dans une harmonie parfaite. L'harmonisation d'un cortège immense à laquelle chacun des astres contribue. Moi je ne suis qu'une planète errant au milieu du vide galactique, perdue dans le néant infini de l'immensité spatiale. Dans ma chute glacée vers nulle part, je cherche un soleil, une lune, un simple satellite qui voudrait bien graviter autour de moi, stoppant ainsi ma chute, rééquilibrant une trajectoire en perdition.

Je songe ainsi au fait de faire les choses à deux et non plus tout seul. Jusqu'à présent, j'ai toujours été habitué à tout faire par moi-même : je vis seul, je survis seul, je vivote seul. Je fais les courses seul, je vais au cinéma seul, je marche dans la rue seul. J'ai désormais de plus en plus envie de faire tout cela « à deux ». Ce n'est pas grand-chose, mais simplement sentir une présence, être rééquilibré par une autre âme et un autre corps fonctionnant à mes côtés, partager les joies et les peines, les rires et les déceptions, le spectacle de la vie. C'est comme la différence entre jouer au tennis tout seul face à un mur qui nous renvoie bêtement la balle et jouer avec un véritable partenaire. En compagnie d'une autre intelligence et d'une autre sensibilité interagissant avec les nôtres.

Je ne demande pas grand-chose, mais simplement sentir qu'il y a une autre vie à proximité, un autre corps qui se meut, un autre cœur qui bat, un autre souffle qui halète, ne plus errer seul dans cette angoisse du vide et de l'inerte autour de soi. J'ai toujours été le seul être vivant entre mes quatre murs. Personne, pas d'animaux, pas de plante vivante. Un ours en peluche et des fleurs artificielles me tenaient misérable compagnie. Le simple fait de sentir quelqu'un d'autre dormant dans la chambre d'à côté me comblerait largement. Je me souviens, étant enfant, du sentiment de sécurité que me procurait, une fois la mise au lit imposée à ce jeune âge, le fait d'entendre les adultes en dessous continuant à parler, à exister. Cela m'apaisait et me rassurait de sentir cette vie avoisinante et m'aidait à m'endormir. Désormais, je suis bien obligé de parvenir à m'endormir au milieu du néant. Une fois la lumière éteinte, seuls le silence, le noir et l'immobilisme me tiennent lieu de compagnons. Avec l'écho assourdissant de mes déboires psychiques, de mon cortège de tourments et de hantises semi-inconscientes qui assaillent mon âme au long de ces nuits interminables…

J'ai toujours connu un sommeil extrêmement agité mentalement. Étant enfant je faisais déjà beaucoup de cauchemars qui découlaient essentiellement de mes terreurs existentielles quant à l'infinité de l'espace-temps, aux extraterrestres ou à des monstres en tous genres. Aujourd'hui, c'est d'une strate intermédiaire entre l'inconscient et le conscient que procèdent mes troubles nocturnes. Je m'imagine agressé par des violeurs ou cambrioleurs potentiels. Violeuses ou cambrioleuses devrais-je dire, la femme m'étant toujours subjectivement apparue plus anxiogène que l'homme. Je me débats semi-inconsciemment contre celles dont j'ai dans l'idée qu'elles veulent violer ma nudité. Je passe ainsi mes nuits à remettre le pyjama que j'avais ôté avant de me mettre au lit, ou à le tenir à mes côtés, à disposition, afin de pouvoir l'enfiler au plus vite afin de me préserver de ces tentatives d'agression que mon inconscient fabrique, pour me réveiller le lendemain avec ce pyjama à côté de mon oreiller, prenant alors conscience, dérouté, perplexe, des aléas incompréhensibles que mon âme fomente et subit la nuit durant.

Encore plus pénible que cela sont mes immersions psychiques vers des approches abyssales de la mort. Je me sens écrasé par un poids monumental sur la poitrine, je sens mon cœur sur le point de s'arrêter de battre, je n'ai la force de faire aucun mouvement, pas même celui de bouger un bras, paralysé, statufié, mortifié, incapable de réagir aux présences agressives que ma paranoïa fait surgir autour de mon lit, un lit de mort. Ce sont des moments d'une pénibilité humaine insupportable qui épuisent mes nuits en dents de scie, des nuits entrecoupées de réveils toutes les heures, des nuits glauques et sans fin où j'erre du conscient à l'inconscient, macérant surtout entre les deux. Je suis conscient de ce qui m'arrive, il ne s'agit pas d'un cauchemar à proprement parler, je ne suis pas véritablement endormi, mais sans que ma conscience ne parvienne pour autant à réaliser pleinement qu'il s'agit d'un délire. Incompatibilité avec le réel... Mes nuits sont un combat contre moi-même et mes puissances intrinsèques.

Faire les choses « à » deux, les faire également « pour » deux. Ce sont des détails du quotidien, mais qui reconfigurent la vision de l'existence. J'ai longtemps ressenti le fait d'accomplir les choses de la vie en ne prenant en considération que son point de vue à soi, ses goûts, ses aspirations, ses opinions, comme une liberté suprême, comparable à aucune autre. Je ressentais l'autre comme une entrave, une contrainte, un frein à mon libre-arbitre. Désormais il me tiendrait à cœur je crois, de prendre en compte également les critères d'un autre être. Faire les courses pour deux, faire à manger pour deux, entretenir un logement pour deux. Plus que de me tenir à cœur, cela contribuerait à m'équilibrer, à placer quelques points de repères dans la personnalité tout à fait « insituée » qu'est la mienne, puisque mon drame réside dans l' « insituabilité », l'inconsistance identitaire, l'indétermination de soi. Cela contribuerait à vertébrer un tant soit peu le mollusque humain que je suis.

Au sortir de trois décennies d'avilissement, aujourd'hui lancé dans un modus vivendi relativement en mesure de me seoir eu égard à tous les paramètres que je viens de définir et de décrypter jusqu'à la corde, je me sens infiniment victorieux dans ma défaite existentielle. Les années passant m'ont apporté la confirmation de cette défaite, la confirmation de ma maladie et de son caractère incurable. De ne point m'en être suicidé et d'être parvenu à me faire un semblant de trou au sein de cette putain d'existence s'en trouvent intrinsèquement une victoire. Tout m'est définitivement relatif, la relativité est ma seule certitude. N'était le désespoir absolu qui m'habite presque constamment.

Je ne saurais comment me situer spirituellement dans ma vie d'aujourd'hui. Si tant est qu'on puisse appeler cela une vie. Chaque jour apporte son lot de petits bonheurs et de grandes amertumes, j'oscille entre les deux en permanence. Je viens à cet égard de quémander auprès de mon nouveau médecin un traitement contre la maniaco-dépression, on verra bien ce que cela donnera... Je demeure immensément curieux de l'avenir en général et du mien en particulier. Curieux de connaître l'homme que je serai physiquement et mentalement dans cinq, dix puis quinze ans, avant mon suicide ou mon internement en hôpital psychiatrique. Je veux toujours connaître ce qu'il y a derrière l'horizon et j'attends de l'avenir un grand accomplissement. Dont la potentialité de réalisation s'avère épouvantablement improbable, mais je carbure pour l'instant sur l'espoir et l'hypothétique de la chose. J'ai bien tenté d'accéder à un relatif bien-être en me complaisant dans un petit quotidien d'où les réalisations amoureuse et artistique s'avéraient exclues, ces deux accomplissements m'étant toujours apparus comme les summums existentiels qu'un être pouvait atteindre. Mais j'ai fait erreur : il est des besoins fondamentaux de l'être tels que boire, manger ou respirer, dont il ne peut se passer, sauf à dépérir à petit feu. J'ai voulu me défaire de ma dépendance existentielle au besoin de ce carburant, mais n'y suis guère parvenu. C'est le précepte que j'avais très philosophiquement échafaudé au début de cet ouvrage, mais que je n'aurai eu ni la force ni la sagesse d'actualiser. J'en fais l'amer constat seize mois plus tard : ne dit-on pas que ce sont les cordonniers les plus mal chaussés ? On peut être croyant mais non pratiquant, fort en théorie, mais pas en pratique. Je repense à un grand-oncle qui était médecin et conseillait à ses patients de ne pas fumer. Il mourut lui-même du tabac à l'âge de quarante-sept ans... Oui, j'attends un grand accomplissement !

Ce grand accomplissement, quel est-il ? Il se décline tout simplement sous les deux options que j'ai citées : l'accomplissement artistique et l'accomplissement amoureux. Ma vie n'est qu'une obsession, une attente et une quête pour connaître l'un ou l'autre. L'un et l'autre ? Je n'ose même pas y songer. Au bout de trente années de calvaire existentiel, je n'aurai pour l'instant connu ni l'un ni l'autre. N'était la passion amoureuse, dont le fait de jouir, d'en connaître l'ardeur suprême, avec tout ce que cela signifie de quintessence relationnelle, affective et sensuelle, m'apparaît désormais moins inaccessible que mes chimères artistiques. J'en suis d'ailleurs obsédé plus que jamais et continuerai ainsi à me consumer d'amour et de désir sans véritable concrétisation ni réciprocité de la chose. Ou à travers quelques ébauches sans lendemain, quelques débuts d'un nouveau monde avorté aussitôt, quelques bourgeons qui ne fleuriront jamais. Sans parler d'un problème psychologique de complaisance dans des amours impossibles : je me suis toujours fourvoyé dans des schémas amoureux qui, pour de multiples raisons successives, s'avéraient impossibles à faire fleurir. Sans doute ne suis-je voué qu'à rêver, imaginer, fantasmer, hypothéquer, mais pas à vivre réellement les choses. Encore et toujours cette impossible réalisation concrète, cette incompatibilité avec le réel.

Il est difficile, par ailleurs, de continuer à éprouver une ferveur vis-à-vis d'une réalité de l'existence dont on n'a jusqu'à présent recueilli que le revers de la médaille et les frustrations. Ce n'est pourtant pas faute d'avoir semé beaucoup de graines mais, la récolte n'ayant jamais eu lieu, je mets désormais la terre en jachère. Il est difficile pour une femme traînant derrière elle une accumulation de fausses couches, de ressentir à nouveau un enthousiasme quant au fait de tomber enceinte. Marre des rencontres sans lendemain, des emballements d'un soir, des séductions superficielles. On tire un trait sur les sorties et les occasions de rencontres puis, après coup, à force de ne rien vivre, on se conditionne à cette ascèse. À force d'être insatisfait, le désir et le sentiment finissent par s'éteindre. Je ressens parfois l'atroce impression de ne plus être capable d'aimer. De ne plus y arriver. Comme une bagnole qui, à force de ne jamais rouler, ne démarre plus. Comme un type en famine qui ne parviendrait plus à manger, son estomac s'étant habitué à ne jamais être alimenté. C'est une sensation que je n'éprouve, Dieu merci, que rarement, mais qui, le cas échéant, me terrifie. Je la catalogue dans la série noire des pires ressentis de l'homme et de ses motifs d'immédiateté suicidaire.

En dépit du désespoir absolu qui m'absorbe quotidiennement, je m'évertue chaque jour à ne point me laisser aller. Je me demande bien pourquoi d'ailleurs. Et pour quoi. Ma propension et mon aptitude aiguës à l'autodiscipline me maintiennent dans la vie comme un funambule en fragile équilibre sur sa corde, mais c'est un combat humain titanesque de chaque instant. Personne ne peut imaginer le prix moral quotidien que je paie pour assumer le réel et résister à la tentation de la folie ou de la mort. Je me sens constamment en sursis et bien souvent à la lisière de la démence. Je sais qu'un jour, si les accomplissements que j'ai cités n'ont toujours pas eu lieu, je ne tiendrai plus. Chaque moteur finit par caler définitivement, je ne saurais dire où je puise quotidiennement le carburant qui le fait encore tourner tant bien que mal. Trimer encore et toujours, jour après jour, semaine après semaine, mois après mois, dans les tâches ingrates qui me procurent mon beurre mensuel, et tout ça pour quoi ? Quand on connaît derrière ce labeur, en fond de décor, en motivation qui justifie de ramer chaque jour comme un cheval de labour, une nourriture affective, amicale, familiale, amoureuse, cela en vaut la peine, ces choses-là nourrissent l'être plus fort que tout. Mais je ne bénéficie d'absolument rien de cet ordre-là.

Je repense encore et toujours à Dalida qui dut lutter, elle aussi, les derniers mois de sa vie, pour résister à la tentation du départ. Elle n'éprouvait plus de ferveur vis-à-vis d'un métier dont elle ne pouvait réellement se défaire, et dont elle ne déplorait plus que le stress, les inconvénients, les à-côtés laborieux, la fatigue, une médaille qui n'existait plus que par son revers. Sans compensation d'ordre privé. La dernière année, elle ne parvint à accomplir ses obligations professionnelles qu'au prix d'un très lourd effort humain, devant surmonter sa lassitude pathologique, sa difficulté à s'énergiser, son irascibilité aussi. Avec, planant au-dessus d'elle, l'épée de Damoclès du temps qui passe et de ses outrages. Puis il y eût la fois de trop. Une escapade de trois jours en Turquie, pour ce qui s'avèrerait son ultime tour de force artistique, quelques jours avant de mourir. Une escapade épouvantablement polluée de multiples déboires techniques liés aux transports, aux bagages et aux chambres d'hôtels. Au bout de trente ans de carrière ininterrompue, ce fut la goutte d'eau qui fit déborder le vase. Tous ces efforts professionnels pour une vie affective désastreuse. Elle en revint effondrée en hurlant à son entourage qu'elle décidait de mettre un terme à sa carrière, qu'elle n'y arrivait plus. Le lendemain, un coup de téléphone l'acheva définitivement en lui mettant dans l'idée que, s'agissant de sa vie amoureuse, il n'y avait plus d'espoir non plus à avoir. Cela faisait un an et demi qu'elle pataugeait dans le marécage relationnel d'une valse-hésitation sans issue. C'est à ce moment précis que, dans sa tête, depuis des mois qu'elle se sentait sur la corde raide, le déclic se produisit : elle passa à l'acte le lendemain soir.

J'ai dans l'idée qu'il faut je tienne à tout prix, que je ne peux claquer maintenant. Je ne suis pas encore guéri de cette tentation suicidaire qui m'aura taraudé des mois durant, c'est une maladie sombre et latente qui hante le tréfonds d'un être sans que ce dernier ne puisse s'en débarrasser facilement. Même principe que les sables mouvants : on s'y enlise lentement, on s'en extirpe lentement. Quand on s'en extirpe... J'y demeure imbriqué, j'y pense chaque jour, principalement à chaque revers de fortune de ma vie amoureuse, là où le bât blesse le plus pour ce qui me concerne. Par ailleurs, je ne peux claquer maintenant, ne fût-ce que pour ne pas mourir avant mes parents, ce qui m'apparaîtrait à tous égards impensable. Ne serait-ce que pour ne pas faire leur jeu en succombant finalement à l'empoisonnement névrotique dont ils m'ont intoxiqué. Je veux tenir, tout mais pas ça, je ne leur ferai pas ce plaisir. Une fois eux disparus, à quel motif me raccrocherai-je pour demeurer en vie et ne point céder à la tentation ultime ?

Le jour où j'aurai compris l'impossibilité définitive pour moi de connaître enfin l'actualisation de mes deux quêtes absolues que sont l'Amour et l'Art, je tirerai ma révérence. Je serai sans doute à ce moment-là un quadra ou quinquagénaire, si tant est que la mort ne m'ait point fauché subitement avant. Ce qui m'aura de toute façon tué, je crois, c'est la solitude. Le fait d'avoir dû tout assumer de l'existence sans aucun appui humain. Les labeurs que j'aurai endurés n'auront certes pas été plus épouvantables que ceux de tout un chacun, ce sont les tâches habituelles du quotidien. Mais les porter, au fur et à mesure des années qui avancent, au fur et à mesure que se confirme la sécheresse affective et relationnelle de ma vie, sur mes seules épaules : c'est cela qui m'aura laissé sur les rotules et qui aura un jour raison de moi. Je trouverai repos dans un sommeil définitif, après un demi-siècle d'enfer moral sur terre. Enfin débarrassé du réel !

Si je devais mourir maintenant, personne ne s'en apercevrait. Pas dans les premiers jours en tous cas. La direction de mon travail, se formalisant de mon absence à ce dernier, finirait probablement par contacter mes propriétaires ou appeler les pompiers, pour forcer la porte de mon appartement. J'ignore ce qu'il adviendrait de ma dépouille. L'enterrerait-on ? L'incinèrerait-on ? Si l'aberrance d'une cérémonie religieuse devait avoir lieu, je plains d'avance le prêtre devant faire face à une église quasiment vide. Je me souviens, à mon ancien travail, d'un employé qui, du jour au lendemain, n'a plus donné signe de vie. La direction de l'établissement ne s'en était aucunement émue et n'avait jamais cherché à retrouver sa trace. Mais il n'est pas mort lui, je le sais, il n'aura pas fini comme celui qu'on ne retrouve que bien longtemps après, comme certains faits divers glauques le relatent, une fois que la boîte aux lettres « dégueule »... Les voisins l'avaient imaginé parti en vacances très prolongées, pour finalement suspecter enfin quelque chose, à l'odeur... Je songe souvent aux enterrés sous x, ceux qu'on retrouve morts sans qu'aucune possibilité d'identification n'ait pu avoir lieu. Peut-être finirai-je comme eux... Je m'endors chaque soir avec la crainte de la crise cardiaque, et me réveille chaque lendemain avec le soulagement que cette dernière n'ait pas encore eu lieu. Je connais un certain nombre de trentenaires qui ont, malgré leur jeune âge, fini aussi subitement et impensablement. En réalité, ce sont davantage les conséquences socio-matérielles de mon décès qui m'effraient, sans parler de la souffrance physique du *heartbreak*, que mon décès en lui-même. Dalida l'a affirmé : « la mort est moins terrible que l'idée qu'on s'en fait ».

Ma mort sera beaucoup moins difficile que ma naissance. Si le destin m'avait placé à une époque où les accouchements avaient encore lieu à domicile, je ne serais pas né et ma mère serait morte en couches à l'âge de vingt-trois ans. Elle ne pouvait pas enfanter naturellement, son bassin n'étant pas suffisamment élargi au neuvième mois de grossesse. Arrivée à la maternité, les médecins tentèrent de me faire naître, en vain, avant de décider une césarienne en toute urgence, seul moyen de me faire sortir vivant de cette prison utérine. J'avais par ailleurs le cordon ombilical enroulé autour du cou qui m'étranglait et risquais d'être blessé par l'os du coccyx de ma mère qui était trop pointu. À plusieurs reprises, mon petit cœur de fœtus tardif – je suis né à neuf mois et demi de grossesse, j'ai été un enfant « postmaturé » – s'est arrêté de battre. Puis j'ai finalement été délivré au bloc opératoire. Cette impression indicible d'être arrivé en retard, comme un cheveu sur la soupe, que j'aurais dû naître plus tôt, à une autre époque, m'a hanté très longtemps. Que je ne suis pas de ce monde, que je ne suis pas d'ici et maintenant, que seul l'ailleurs me correspond. Plusieurs arrêts cardiaques avant de sortir du ventre maternel : j'ai envisagé ma mort avant même d'envisager ma naissance. L'idée de mourir me fut plus immédiate et évidente que celle de naître. Incompatibilité avec le réel...

Mon mal de vivre s'est toujours trouvé extraordinairement éclaboussé, ici et là, de fulgurances de jouissance de vivre, j'ai toujours pu tabler sur une faculté de rémission impressionnante il est vrai. Je renais toujours de tout, mon talon est puissant, qui m'aura fait tacler nombre d'abysses pour me faire remonter aux surfaces où je ne parviens pourtant guère à me maintenir dans une flottaison durable. Sans doute ne suis-je destiné qu'à errer au gré des mouvances océanes de la vie... J'aurai traversé l'existence en m'évertuant à ne point trop me rendre compte de l'épouvante de cette dernière, tentant de la percevoir sous l'angle d'un songe évanescent, pour ne point trop m'en laisser broyer. Puisque je n'aurai pu vivre mes rêves, ma seule solution aura été de rêver ma vie.

Je ne saurais comment définir l'état d'esprit qui m'imprègne aujourd'hui au constat de ma définitive incompatibilité avec le réel, avec tous les réels. Je ressens l'impression actuelle de flotter après la mort. Je suis déjà mort de toute façon, mort socialement et identitairement. Surnageant au-dessus de l'atmosphère terrestre, à l'orée du vide galactique, dans cette frange éthérée où aucune angoisse ni aucun réel n'existe plus, flottant dans une annihilation, apaisé, un apaisement annihilé. J'ai mentalement atteint l'après-mort, l'au-delà du réel, le réel est derrière moi. Donner un nom à l'impression psycho-existentielle qui m'imprègne aujourd'hui ? J'hésite entre une désespérance sereine et une sérénité désespérée.

\*\*\*